Grüner Verein für
Grundrechte und Informationsfreiheit (Hg.)

DIE GROSSE AUFARBEITUNG
Band 1

Bibliografische Information der Deutschen Bibliothek:
Die Deutsche Bibliothek verzeichnet diese Publikation
in der Deutschen Nationalbibliografie.

Covergrafik: Eva Ruth
Lektorat: Vivianne Pärli
Druck: Custom Printing, Warszawa
Printed in Poland
ISBN: 978-3-85371-539-0

Promedia Verlag
E-Mail: promedia@mediashop.at
Web: www.mediashop.at|www.verlag-promedia.de

*Grüner Verein für
Grundrechte und Informationsfreiheit (Hg.)*

DIE GROSSE AUFARBEITUNG

*Gesellschaftspolitische, rechtliche und gesundheitliche
Aspekte der österreichischen Corona-Politik*

Band 1

Inhalt

Vorwort

Corona sei Dank!

Das meine ich nicht (nur) sarkastisch. Wie stünden wir, wie stünde die Grünbewegung heute ohne die politischen Prozesse und Maßnahmen der Corona-Jahre ab 2020 da? Corona hat zu einer schonungslosen politischen Analyse veranlasst, die überfällig war. Ohne diesen schmerzhaften »Polit-Tritt in den Hintern« hätte kaum jemand die Notwendigkeit gespürt, wieder mal Geschichte zu lernen, aus der vermeintlichen Sicherheit des demokratiepolitischen Dahindösens aufzuwachen.

Corona kam nicht aus dem Nichts, war und ist keine über die Gesellschaft hereingebrochene Krankheit wie die Pest oder die Cholera. Ein Virus, ein Krankheitserreger ist als ökonomisches Vehikel instrumentalisiert worden. Was zuvor geschah im Zeitraffer: Die 68er Proteste der Jugend gegen die Nichtaufarbeitung des Nationalsozialismus, den Vietnamkrieg, politische Verkrustungen und starre staatliche Strukturen sowie die rigide Sexualmoral führten zwar zu gewissen gesellschaftlichen Änderungen, nicht jedoch zur umfassenden Umstrukturierung der Wirtschaft in Richtung Nachhaltigkeit und internationaler Gerechtigkeit.

Das Ringen um eine dauerhafte Sicherung des Friedens nach den grauenhaften Kriegen (nach 1918: Völkerbund; nach 1945: Vereinte Nationen/UNO) mündete bald in den Kalten Krieg zwischen Ost und West (»Frieden durch Abschreckung«) und Ende der 1970er-Jahre in eine Spirale der atomaren Aufrüstung. Dagegen formierte sich eine rasch anwachsende Protestbewegung aus unterschiedlichen Gruppierungen. Aus der Friedensbewegung, feministischen Initiativen und den Anfängen des ökologischen Widerstands gegen ein Wirtschaftswachstum ohne Rücksicht auf die Natur entstanden nach und nach grüne Parteien.

Der grüne Marsch durch die Institutionen, der Einzug in Parlamente und teilweise auch in Regierungen brachte da und dort ökologische Verbesserungen, konnte aber eine letztlich kaum gebremste Ausbeutung von Ressourcen und Menschen im Zuge der Globalisierung nicht bändigen. Konzerne wurden immer mächtiger, der Filz zwischen Politik und

Wirtschaftslobbys dichter, die Abhängigkeit von alles beherrschenden Finanzmärkten größer.

Die Gier nach Super-Profiten führte angesichts relativ gut gesättigter legaler Märkte in den Industriestaaten einerseits zu riesigen und schwer kontrollierbaren illegalen Aktivitäten (Drogen, Menschenhandel, Waffendeals oder Finanzbetrügereien etc.) und andererseits zu immer dreisteren Anläufen legaler Branchen, über politisches Lobbying den Markt zu beeinflussen und damit die Gewinne zu steigern.

Schon vor Corona wurden Pandemien ausgerufen, man denke etwa an die Vogel- oder die Schweinegrippe. Aber erst der gepushte Corona-Hype sicherte den Pharma-Riesen und ihren Verbündeten das Füllhorn öffentlicher Gelder. Regelmäßige medizinische Eingriffe (»Impfungen«) an allen (gesunden) Menschen, durchgesetzt mit Befehls- und Zwangsgewalt der Staaten und/oder mit der Drohung, Arbeit und Einkommen zu verlieren, die persönliche Freiheit einzubüßen, führten zu einer gewaltigen Umverteilung von unten nach oben. Das alles war untermauert mit rücksichtslosem Framing Widerspenstiger als »Schwurbler«, Querdenker oder Rechtsextreme sowie der moralischen Keule eines pervers umdefinierten Begriffes von Solidarität.

Mit dem Slogan »koste es, was es wolle« wanderten Billionen Euro, Dollar etc. zu den Corona-Profiteuren, während die Opfer von Druck und Propaganda bis heute vergeblich auf Anerkennung und materielle Entschädigung warten.

Corona sei Dank?

Ja, denn der Schock, dass ein derartiger Entzug von Grundrechten, eine so massive Aufweichung des Schutzes höchst sensibler Gesundheitsdaten überhaupt möglich geworden sind, hat zum spontanen Widerstand von relevanten Teilen aus allen gesellschaftlichen Schichten und aus den unabhängigen und nicht korrumpierbaren Kreisen der Wissenschaften geführt.

Mehr noch! Erst dieser Bruch mit allen demokratischen und rechtsstaatlichen Absicherungen machte deutlich, wie sehr zuvor schon schleichende Aushöhlungsprozesse Staaten und internationale Organisationen in die Abhängigkeit von Großkonzernen aus diversen Branchen und obskuren Finanzinteressen gebracht hatten. Jetzt stehen alle sukzessive aufgebauten ähnlichen Narrative, die bei sonstiger Ächtung durch den Mainstream den Charakter von Dogmen angenommen haben, auf dem Prüfstand.

Corona sei Dank sind Naivität und Vertrauen auf falsche Propheten im Schwinden begriffen.

In einer nie dagewesenen Geschwindigkeit haben sich kritische Kräfte aus allen Bereichen der Wissenschaften vernetzt, zusammengetan und das begonnen, was DIE öffentliche Aufgabe schlechthin gewesen wäre: nämlich die Corona-Jahre, die Maßnahmen und die zugrunde liegenden Behauptungen zu analysieren, das Unrecht und die Fehler aufzuzeigen und weitere Übergriffe – etwa durch umfassende Ermächtigungen für die immer stärker privat finanzierte WHO – zu verhindern.

Corona sei Dank haben uns auch wir, die wir aus der Grün-Bewegung kommen und den Grundwerten (selbstbestimmt, basisdemokratisch, solidarisch, feministisch, ökologisch und gewaltfrei) verpflichtet sind, gefunden und dieses Buch geschaffen. Und das ist erst der Anfang.

Wien, im Mai 2024
Madeleine Petrovic

1. Die große Aufarbeitung der Corona-Krise

Presseaussendung vom 7. 2. 2023

Viele Stimmen werden laut: Es braucht eine Evaluierung der Corona-Maßnahmen in Österreich. Nicht nur Expertinnen und Experten und Personen des öffentlichen Lebens fordern dies, sondern vor allem auch die Bevölkerung.

Die Politik und unsere Regierung scheinen jedoch wenig Interesse an einer unabhängigen und vollumfänglichen Evaluierung zu haben. Sie fürchten sich wohl vor persönlichen und politischen Folgen, wenn öffentlich wird, auf welch mangelhafter Datengrundlage Entscheidungen getroffen wurden, die verheerende Folgen für viele in der Bevölkerung hatten.

Millionen Menschen möchten hingegen diese Aufklärung. Sie möchten eine transparente Aufarbeitung, eine ehrliche Fehlerkultur und eine systemische Veränderung, um sicherzustellen, dass sich so etwas nie wieder wiederholen kann. Es geht nicht um die Konsequenzen für Einzelne, es geht darum, die Fehler im System zu identifizieren und zu beheben. Es geht um eine Rückkehr zu einer liberalen Demokratie und zur uneingeschränkten Achtung von Grund- und Freiheitsrechten als Basis eines guten Miteinanders.

Wir wollen nicht länger warten, bis der Druck auf die Politikerinnen und Politiker so groß wird, dass sie sich einer halbherzigen Evaluierung nicht mehr entziehen können. Wir wollen, dass jetzt mit der Aufarbeitung begonnen wird.

Wir sind eine Gruppe politisch engagierter Menschen, teils grüne Mandatarinnen und Mandatare, teils Menschen aus der Privatwirtschaft, aber auch aus den Bereichen der Verwaltung und der Justiz. Dadurch konnten wir einen tiefen Einblick gewinnen. Wir haben die letzten Jahre sehr genau beobachtet, viele Kontakte zu unterschiedlichen Medien, Menschen im Gesundheitswesen, juristisch Tätigen, Entscheidungsträgern und vielen mehr geknüpft und unermüdlich recherchiert.

Wir haben die Abläufe analysiert und uns ein Bild über die Geschehnisse verschafft. Diese Analysen wollen wir nun in einer Reihe von Presseaussendungen mit den Meinungsmachern der Republik, aber auch mit allen Interessierten teilen. Wir wollen eine breite Debatte in der Politik und in der Gesellschaft anstoßen. Wir behaupten nicht, im Besitz der absoluten Wahrheit zu sein. Wir wollen jedoch ein differenzierteres Bild zeichnen, als jenes, das uns in den letzten Jahren präsentiert wurde. Gemachte Fehler müssen aufgezeigt und behoben werden. Zudem müssen Sicherheitsmechanismen implementiert werden, um diese zukünftig zu verhindern.

Demokratie bedeutet die Herrschaft des Volkes. Demokratie bedeutet nicht, alle paar Jahre zur Wahlurne zu laufen, um Parteien zu wählen, die man als das geringste Übel empfindet. Wir alle müssen unsere Denkweise und Haltung diesbezüglich ändern. Was in diesem Land geschieht und wie es geschieht ist der Mitentscheidung jeder und jedes Einzelnen unterworfen. Wir haben das Recht auf umfassende, transparente Information – damit wir überhaupt fähig sind, uns eine eigene Meinung zu bilden. Zu dieser Information wollen wir mit unseren Presseaussendungen beitragen.

Lasst uns für unser aller Wohl wieder den Zustand einer liberalen Demokratie herstellen und lasst uns alle gemeinsam heute damit beginnen.

2. Ohne Meinungsfreiheit keine Demokratie

Presseaussendung vom 9. 2. 2023

Von vielen unbemerkt hat sich in den letzten Jahren eine Kultur der Zensur und »Cancel Culture« eingeschlichen. Dies hat weitreichende Folgen, welche in ihrer Tragweite von der Bevölkerung, aber auch von den Meinungsmacherinnen und Meinungsmachern oft nicht erkannt werden.

Durch Zensur werden wichtige Informationen und Meinungen nicht oder nur verzerrt dargestellt, was dazu führt, dass wir zu einer eingeschränkten und gesteuerten Sichtweise geführt werden. Unsere eigene

Meinung bildet sich dann auf der Grundlage dieser unvollständigen Informationen. Das bedeutet, dass wir – ohne dass wir es wissen – auf eine Art und Weise manipuliert werden, die wir nicht mehr erkennen können und an eine vermeintliche »Wahrheit« glauben, die nicht den Tatsachen entspricht.

»Cancel Culture« geht noch einen Schritt weiter und droht Menschen, die ihre »andere« Meinung äußern, mit öffentlicher Verachtung und Boykott. Das bedeutet, dass Menschen aus Angst vor Konsequenzen ihre Ansichten zurückhalten und nicht mehr frei sprechen. Dies schränkt unsere Möglichkeiten ein, offen und gegensätzlich über wichtige Themen zu diskutieren, und führt zu einer vereinheitlichten Meinungskultur, die keine Vielfalt und Toleranz zulässt.

»Cancel Culture« in der Corona-Krise

Nicht umsonst ist die Meinungsfreiheit eines der wichtigsten Grundrechte in liberalen westlichen Demokratien. Sie bewahrt uns in einer Demokratie davor, schlechte Entscheidungen zu treffen. Was passiert, wenn Zensur und »Cancel Culture« vorherrschen, wird nun deutlich:

Seit Beginn der Corona-Krise haben sich namhafte Expertinnen und Experten kritisch geäußert und vor den Folgen und Kollateralschäden der Maßnahmen gewarnt. Ihre Aussagen wurden von vielen Politikerinnen und Politikern und Medien abqualifiziert oder sogar bewusst ignoriert. Aus renommierten Fachleuten wurden über Nacht durch gezielte, mediale Kampagnen »unseriöse Schwurbler«. Auf den Social-Media-Kanälen wurden ihre Profile und Beiträge zum Teil blockiert oder gelöscht, ohne dass es dafür eine rechtliche Grundlage gab. In einigen Corona-Richtlinien der Plattformen ist sogar explizit zu finden, dass Aussagen, die den offiziellen Informationen staatlicher Stellen widersprechen, gelöscht werden und zu Sperrungen führen können. Das ist der Inbegriff von Zensur! Zensur ist jedoch gemäß der Verfassung verboten.

Bereits früh war nur noch ein sehr enger Meinungskorridor »erlaubt«. Dies führte zu großflächiger Fehlinformation der gesamten Bevölkerung. Mit einer unglaublichen Aggressivität wurde gegen Abweichler vorgegangen. Nicht nur mediale Hetzkampagnen und wirtschaftliche

Existenzvernichtung wurden betrieben, sondern auch gerichtliche oder disziplinarrechtliche Verfolgung, die bis heute andauert. Ein Armutszeugnis für Österreich und unsere Demokratie.

Wohin hat uns das geführt?

Mittlerweile sind sich alle einig: Es wurden viele Fehler begangen und eine Aufarbeitung ist dringend notwendig. Wir widersprechen der jüngsten Aussage von Regierungsmitgliedern, »wir wären gemeinsam gut durch die Krise gekommen«. Die Daten und Fakten zeigen das Gegenteil: die verfehlten Maßnahmen haben Leben gekostet, psychische und teils schwere gesundheitliche Schäden verursacht und Menschenleben zerstört. Kinder und Jugendliche wurden ihrer Bildungschancen beraubt. Viele wurden von Schulen, Universitäten, Vereinen und Freizeiteinrichtungen ausgesperrt und dadurch sozial isoliert. Ungeimpfte Schülerinnen und Schüler wurden gemobbt. Aufgrund der vielfachen sozialen Ausgrenzungen und des hohen Drucks sind die Kinder- und Jugendpsychiatrien in der Folge noch immer überfüllt. Nicht nur ältere Menschen mussten ohne ihre nächsten Angehörigen sterben. Arbeitnehmerinnen und Arbeitnehmer verloren ihre Jobs, Unternehmen wurden in den Ruin getrieben, Familien und Freundschaften zerstört! Eine tiefe Spaltung geht nach wie vor durch das Land; bestenfalls liegt der Mantel des Schweigens darüber. Dies alles hätte durch einen offenen, sachlichen Diskurs verhindert werden können.

Nun hört man vereinzelt die ersten Eingeständnisse. Der Tenor ist: Im Nachhinein betrachtet haben wir Fehler gemacht. Wir haben es damals nicht besser gewusst.

Aber ist das wirklich so?

Die Antwort ist Nein! Viele haben es gewusst oder hätten es wissen müssen. Die Meinungsfreiheit ist deswegen in unserem Grundrechtskatalog verankert, damit genau solche Situationen nicht entstehen können. Zensur ist verboten. Wir wissen aus der Geschichte, welche verheerende Folgen die Unterdrückung von kritischen Stimmen haben kann! Nun mussten wir es erneut lernen und hoffen, dass es das allerletzte Mal war, dass dies vergessen wurde.

Was sich ändern muss

- Wir fordern eine sofortige Einstellung jeglicher Zensur und »Cancel Culture«!
- Wir fordern die volle Rehabilitierung »gecancelter« Fachleute.
- Wir fordern einen offenen und pluralistischen Diskurs über kritische Themen, damit wir gesamtgesellschaftlich zu den richtigen Lösungen kommen.
- Wir fordern Toleranz für unterschiedliche Meinungen und einen Diskurs auf der Sachebene und auf Augenhöhe. Argumenten muss mit Gegenargumenten begegnet werden – und nicht mit Zensur, persönlichen Angriffen und Diffamierung der Person selbst.

Wir müssen aus dieser Erfahrung lernen – oder uns endgültig von der Demokratie verabschieden.

3. Wie man Investigativjournalistinnen und Investigativjournalisten gezielt von der Arbeit abhält

Presseaussendung vom 14. 2. 2023

Framing als Verschwörungstheorie

Warum ist die Welt plötzlich voll von »Verschwörungstheoretikern«? Was sind Verschwörungstheorien und welchen Zweck verfolgt das Framing als Verschwörungstheorie?

Jeder kennt es mittlerweile: Der Satz »Das ist eine Verschwörungstheorie« beendet jedes ernsthafte Gespräch über ein Thema. Argumente sinnlos, wissenschaftliche Beweise von vornherein unglaubwürdig. Dies gilt nicht nur für die zwischenmenschliche Kommunikation, sondern insbesondere auch für Medienschaffende. Wird etwas als Verschwörungstheorie bezeichnet, greifen Journalistinnen und Journalisten nicht mehr hin, wenn sie ihre Karriere behalten wollen.

Aber was sind Verschwörungstheorien eigentlich?

Wikipedia definiert es so: »Als Verschwörungstheorie wird im weitesten Sinne der Versuch bezeichnet, einen Zustand, ein Ereignis oder eine Entwicklung durch eine Verschwörung zu erklären, also durch das zielgerichtete, konspirative Wirken einer meist kleinen Gruppe von Akteuren zu einem oftmals illegalen oder illegitimen Zweck.«[1]

Verschwörungen sind nichts Ungewöhnliches, sie passieren laufend und gehören für Kriminalbeamte zum täglich Brot. Macht das aus allen Ermittlern Verschwörungstheoretiker? Dem Wortsinn nach schon. Trotzdem dürfen sie weiter ihre Arbeit verrichten – ja, der Staat bezahlt sie geradezu dafür.

Auch der österreichischen Politik sind Verschwörungen nicht fremd. Die »Operation Ballhausplatz« mit der sich Sebastian Kurz innerparteilich an die Macht putschte, war eine klassische Verschwörung. Die Gruppe um Kurz versuchte alles, um Mitterlehner öffentlich schlecht dastehen zu lassen und Kurz dann als Retter der Partei zu inszenieren. Florian Klenk und Journalistinnen und Journalisten, die diesbezüglichen Hinweisen nachgingen, sind demgemäß konsequenterweise Verschwörungstheoretikerinnen und Verschwörungstheoretiker, die diese Verschwörung aufdecken wollten. Nun – damals wurden besagte Journalistinnen und Journalisten nicht als Verschwörungstheoretiker geframt, sonst wäre die Geschichte heute noch nicht aufgedeckt, und die recherchierenden Journalisten wären allesamt ihre Jobs los.

Zweifelsohne gibt es »Verschwörungsmythen« die jeglicher Grundlage entbehren, aber sämtliche Verschwörungen von vornherein

---

1   Anonym, *Verschwörungstheorie*. Wikipedia, 2023. online: https://tinyurl.com/uvynzj7t

auszuschließen, kann nicht zielführend sein und widerspricht darüber hinaus der allgemeinen Lebenserfahrung.

Während der Corona-Krise wurde jedoch der Begriff »Verschwörungstheoretiker« in seiner Bedeutung abgewandelt und in inflationärer Weise gebraucht. Jeder, der vom vorgegebenen Narrativ durch Regierung oder Institutionen abwich, wurde als Verschwörungstheoretikerin und Verschwörungstheoretiker abqualifiziert. Völlig unabhängig davon, ob die Behauptungen nur Theorien waren, oder mit gerichtsfesten Beweisen eindeutig belegt wurden. Eine Diskussion war öffentlich nur in sehr eingeschränktem Rahmen möglich.

Selbstzensur durch erfolgreiches Framing

Im Ergebnis führte dies zu einer breitflächigen Selbstzensur in der Medienlandschaft, sowie folglich in der gesamten Gesellschaft. Alles, was nicht dem Narrativ entsprach, drang entweder medial nicht durch, oder wurde postwendend diffamiert. Dies ist eine gefährliche Entwicklung für die freie Presse, denn die Selbstzensur ging so weit, dass nicht einmal valide Daten und harte wissenschaftliche Beweise gegen das Verschwörungstheorienarrativ eine Chance hatten. Selbst zuvor anerkannte Tatsachen, z. B. dass die Unabhängigkeit der WHO (wie diese selbst angab), durch die mangelnde Finanzierung durch die Staaten gefährdet wäre, landeten nach Start der Corona-Krise im Verschwörungseck.

Diesen Entwicklungen ist es zu verdanken, dass die Bevölkerung nun ein verzerrtes Bild von der Wirklichkeit hat – und das schließt auch Redakteurinnen und Redakteure sowie Politikerinnen und Politiker mit ein.

Für objektiven Journalismus ist es jedoch unerlässlich, offen an Ereignisse und Geschichte heranzugehen. Dass Politikerinnen und Politiker und andere Personen des öffentlichen Lebens ein Narrativ durchsetzen wollen, ist nicht neu. Die Aufgabe der Medien ist es, hier als Gatekeeper zu fungieren und immer der Frage nachzugehen: »Ist das wirklich so?«

Ob im Journalismus oder vor Gericht: Die Frage: »Cui bono?«, also »Wer profitiert?«, ist zur objektiven Beurteilung eines Sachverhalts essenziell. Gleiches gilt für die Darstellung unterschiedlicher Meinungen.

Beides wurde erfolgreich mittels der diffamierenden Bezeichnung »Verschwörungstheorie« in den letzten Jahren verhindert.

Dies hat in der Gesellschaft Spuren hinterlassen. Durch das Unterdrücken und Diffamieren von anderen Meinungen und wissenschaftlichen Erkenntnissen, wurde die Gesellschaft weiter gespalten. Es führte zudem zu einem Vertrauensverlust in die etablierten Medien.

4. Die Expertokratie und ihre Auswirkungen auf die Demokratie

Presseaussendung vom 16. 2. 2023

Expertokratie steht, grob gesagt, für »Herrschaft der Expertinnen und Experten«. Sie ist insofern das Gegenmodell zum Parlamentarismus, als Entscheidungen, die eigentlich demokratisch legitimierten Institutionen und Organen vorbehalten sind, an Sachverständige delegiert werden.

Mit der Macht der Wissenschaft gegen Desinformationen ankämpfen

Sofern Desinformation bewusst und gezielt eingesetzt wird, handelt es sich um eine Strategie zur Manipulation und/oder Destabilisierung. Die Frage, die wir uns stellen müssen, ist: Wie wollen wir damit umgehen? Ist es zielführend und erstrebenswert, Diskurse und Debatten durch Faktenchecks und Message Control zu ersetzen oder die Demokratie durch eine Expertokratie? Oder wird damit lediglich der Teufel mit dem Beelzebub ausgetrieben?

Besser Expertinnen und Experten vertrauen als Politikerinnen und Politikern?

Das Vertrauen in die Problemlösungskompetenz von Expertinnen und Experten und Wissenschafterinnen und Wissenschaftern ist aus nachvollziehbaren Gründen höher als in jene von Politikerinnen und Politikern, unterliegt aber schlussendlich denselben Gesetzmäßigkeiten. Es beginnt zu bröckeln, sobald es zu Widersprüchen oder Streitereien kommt – und diese sind unter Experten ebenso gängig wie unter Politikern. Nicht nur, weil Wissen immer nur das Resultat eines gegenwärtigen (und somit stets vorläufigen) Forschungsstandes ist (Stand der Wissenschaft). Vor allem auch, weil es unterschiedliche Bereiche, Wissenschaftszweige, Forschungsrichtungen und -methoden gibt. Demzufolge können Expertisen widersprüchlich sein und Lösungsvorschläge zu Problemstellungen zuwiderlaufend ausfallen sowie Gegebenheiten oder Ergebnisse unterschiedlich interpretiert werden.

Problematisch wird es, wenn versucht wird, diese Ergebnis- und Deutungsvielfalt zu unterbinden, z. B. um die Problemlösungskompetenz unzweifelhaft erscheinen zu lassen, und zu diesem Zweck ausgewählten Wissenschaftsbereichen, Expertinnen und Experten oder Institutionen eine alleinige Deutungshoheit zugesprochen wird.

Wissenschafts- und Demokratiefeindlichkeit gehen Hand in Hand

Wissen(schaft) ist beweglich, streitbar, lebendig. Zum Untergang der Wissenschaft kommt es nicht dann, wenn wissenschaftliche Erkenntnisse angezweifelt werden, sondern wenn man sie ihrer Lebendigkeit beraubt. Ein besonders markanter Ausdruck dafür sind die sogenannten Faktenchecks, mit welchen Halb- und Unwahrheiten der Garaus gemacht werden soll. Diese Art mit Wissen und Nichtwissen umzugehen ist jedoch insofern zutiefst wissenschaftsfeindlich, als damit der Anschein erweckt wird, es gäbe endgültige, absolute Wahrheiten, und obendrein eingefordert wird, die von einzelnen Personen herausgearbeiteten Fakten als unbestreitbar anzuerkennen. Damit wird der Weg der Wissenschaft verlassen und Richtung Dogmatismus und Konformismus geebnet. Diese Entwicklung ist mindestens ebenso demokratiefeindlich, wie die altbekannte Strategie, mit bewusst gesetzten Desinformationen zu manipulieren und zu destabilisieren.

Resümee

So vernünftig es ist, dass sich Politikerinnen und Politiker von Sachverständigen beraten lassen, so wichtig ist es, dabei auf Ausgewogenheit und Transparenz zu achten. D. h. bei der Zusammensetzung von Berater-Pools und Expertinnen-und Experten-Gremien müssen etwaige Interessenskonflikte der Mitglieder geprüft und offengelegt werden. Ebenso müssen Einseitigkeit und Machtkonzentration vermieden werden. Keinesfalls darf es so weit kommen, dass Expertinnen und Experten quasi als Schattenregierung fungieren; sie sind nicht demokratisch dazu legitimiert Entscheidungen zu treffen. Die Letztverantwortung liegt bei der Politik. Während der Corona-Krise wurde z. B. von einem wissenschaftlichen Konsens gesprochen, den es so nie gab. Es ist auch nicht die Aufgabe der Wissenschaft, einen herzustellen. Es ist die Aufgabe der politischen Entscheidungsträger auf Basis der breit gefächerten Informationen eine fachlich und sozial kompetente Entscheidung im Sinne und zum Wohle der Bürgerinnen und Bürger zu treffen. Es ist ihre Aufgabe, die Pluralität der Gesellschaft zu berücksichtigen und die unterschiedlichen Interessen und Bedürfnisse der Bürgerinnen und Bürger einzubeziehen und abzuwägen. Es obliegt ihrer Verantwortung Entscheidungen zu treffen und dabei auf bestmögliche Ausgewogenheit zu achten.

5. Corona-Revisionismus: Eigentlich waren wir ja schon immer dagegen

Presseaussendung vom 21. 2. 2023

Einigermaßen fassungslos beobachtet die Bevölkerung das unwürdige Schauspiel, das sich derzeit auf der politischen Bühne abspielt. Die Evaluierung der Corona-Maßnahmen beginnt, und plötzlich will es keiner gewesen sein. Im 21. Jahrhundert – im Zeitalter des Internets und der Digitalisierung – ist Geschichtsrevisionismus jedoch keine einfache Sache.

Das Internet vergisst nicht – und es steht der gesamten Bevölkerung zur Verfügung. Was man sich von dieser Strategie verspricht, bleibt unklar.

Zwei Fälle stechen dieser Tage besonders heraus – und kritische Fragen müssen hier unbedingt gestellt werden:

Der Wiener Gesundheitsstadtrat Peter Hacker behauptet mittlerweile, die Impfpflicht wäre »gegen die eigenen Überzeugungen« aus »Solidarität« mitgetragen worden. Für Solidarität mit der türkis-grünen Bundesregierung war die Wiener SPÖ bislang jedoch eher weniger bekannt. Eine unglaubwürdige Behauptung. Nimmt man sie jedoch ernst, bedeutet dies im Umkehrschluss, dass die SPÖ Wien damals der Bevölkerung bewusst die Unwahrheit gesagt hat. Sie hätte sich demnach für eine Impfpflicht eingesetzt, und hätte vorgetäuscht, voll dahinter zu stehen, obwohl sie diese gar nicht wollte. Ist diese Art des Eingeständnisses, ohne sich dafür zu entschuldigen, nicht noch weitaus schlimmer?

Es braucht dringend Aufklärung: Der Stadtrat Hacker, der viele Monate einen liberalen Kurs in der Corona-Politik verfolgte und laut Kreisen der SPÖ Wien mit dem Schwedischen Weg liebäugelte,[2] schwenkte Mitte 2021 um. Woher kam der Sinneswandel, der aus dem liberalen Hacker einen Maßnahmen-Hardliner machte?

Aber nicht nur der Wiener Gesundheitsstadtrat erregte dieser Tage die Gemüter. Auch der NEOS Abgeordnete Helmut Brandstätter – ebenfalls ein Befürworter der Impfpflicht – erklärte in einem Video, dass ihm bekannt war, dass die Regierung den Expertinnen und Experten vorgab, was sie zu sagen hätten, und zwar »im Interesse der Politik, und nicht im Interesse der Bevölkerung und nicht im Interesse, die Pandemie zu bekämpfen«. Expertinnen und Experten wären demnach »gezwungen« und »bedroht« worden. Auch Journalisten sollen laut Brandstätter bedroht worden sein.[3]

Es stellt sich hier die Frage: Wenn Helmut Brandstätter das wusste, wieso hat er alle Maßnahmen mitgetragen? Wieso blieb er

2   John G., Kroisleitner O., *Corona-Politik in Wien: Wie Ludwig seinen Stadtrat zähmte*. Standard, 2021. online: https://tinyurl.com/3b52htzt
3   Zippermayr P., *Klartext von Helmut Brandstätter, was denkt seiner Parteichefin Meinl Reisinger?* YouTube, 2023. online: https://tinyurl.com/ysbw4uyz

konstant – offenbar wider besseres Wissen – auf Regierungslinie? Warum hat er zugelassen, dass die Bevölkerung getäuscht und dadurch geschädigt wurde?

In den Versuchen, die Schuld hin und her zu schieben, entlarven sich die Protagonistinnen und Protagonisten gerade selbst. Nun muss kritisch nachgefragt werden. Die Aufarbeitung ist essenziell für die Wiederherstellung des Vertrauens. Wie konnte das System derart versagen? Wieso haben die politischen Akteure, die es besser wussten, geschwiegen? Und was können wir tun, um solche Entwicklungen zukünftig zu verhindern?

Es braucht Änderungen im System. Schutzmechanismen, die wirklich greifen. Eine Rückkehr zur liberalen Demokratie.

6. Das Corona-Trauma

Presseaussendung vom 23. 2. 2023

Der Bundeskanzler will die Hand reichen, der Gesundheitsminister lädt zu einem neuen Miteinander ein, der *ORF*-Anchorman stellt plötzlich maßnahmenkritische Fragen, in den Medien erscheinen differenziertere Berichte, selbst einige Experten relativieren ihre Expertise aus den Corona-Jahren. Die Süddeutsche Zeitung spricht schon von einem Rückschaufehler, obwohl die Aufarbeitung noch gar nicht ernsthaft begonnen hat. Und übrig bleibt das gemeine Volk, für das immer neue, oft widersprüchliche, meist wirkungslose Maßnahmen verfügt wurden. Eine Bevölkerung, die sich zum einen Teil aus Überzeugung für eine Impfung entschieden hat, zum anderen Teil, um nicht entrechtet und ausgegrenzt zu werden. Und ein weiterer Teil hat sich – trotz großem Druck – aus unterschiedlichen Gründen entschlossen, sich nicht impfen zu lassen. Alle wissen, dass diese letzte Gruppe eine heterogene ist. Alle, außer so manche Journalistinnen und Journalisten und Politikerinnen und Politiker.

Schmerzhafte pauschale Abwertungen

Alle Maßnahmenkritiker wurden medial pauschal verunglimpft, und das samt und sonders ohne Abstufungen. Immer wieder und immer noch. Aber Kritiker gibt es vom Hilfsarbeiter bis zum Universitätsprofessor, vom Liberalen, über den Bürgerlichen bis zum Kommunisten. Undifferenziert wird ihnen allen ihre Lebensleistung abgesprochen, weil sie in einem Punkt nicht konform gingen. Und das verletzte viele von ihnen tief. Ihr Vertrauen in den Staat und in die Medien, auch in die Kirche wurde zutiefst erschüttert. Viele Rechte wurden ihnen abgesprochen, sie wurden gedemütigt und als »Rechtsradikale«, »Aluhutträger« und »Schwurbler« beschimpft. Für die allerwenigsten trifft diese Zuschreibung zu. Die meisten von ihnen waren nicht auf Demonstrationen, haben sich nicht öffentlich geäußert, sondern versuchten, ihren Status möglichst zu verheimlichen. Und trotzdem waren sie immer mitbetroffen von Abwertungen und Ausgrenzungen. Auf den Demonstrationen war, entgegen der medialen Berichterstattung, nur eine kleine Minderheit tatsächlich rechtsradikal. Dass sich trotz der medialen Hetze so viele Menschen auf Demonstrationen wagten, ist ihnen hoch anzurechnen.

Entwürdigende Erlebnisse im Alltag*

»Am Vormittag durften wir anstandslos die Albertina besuchen. Am Nachmittag entschied die Schlange hinter mir, über meinen Kopf hinweg diskutierend, ob es vertretbar wäre, dass ich ohne gültigen Grünen Pass, aber PCR getestet, in die Van Gogh-Pop-up-Ausstellung gehen dürfe.«

»40 Jahre haben wir wöchentlich miteinander geturnt. Haben miteinander gelacht, ab und zu auch einen Ausflug gemacht. Und dann wurde ich ausgeschlossen.«

»Der Diakon ließ mich fassungslos zurück, als er forderte, dass allen Ungeimpften die medizinische Behandlung, das Arbeitslosengeld oder die Pension gestrichen werden sollte.«

»Ich musste jemanden mit Grünem Pass suchen, der für mein Kind Weihnachtsgeschenke einkaufen ging.«

»Im Wiener Hotel durften wir schlafen. Den menschenleeren Frühstücksraum durften aber nur unsere Kinder betreten, wir mussten von der Lobby aus zuschauen.«

»Vor dem Schilift kontrollierte die Security die Zutrittsberechtigungen. Für die Kinder hieß das, mittels vieler Ausdrucke eine lückenlose negative Testung für die Ferien nachzuweisen (Ferien Ninja-Pass), Identitäten offenzulegen und den Vater dann schließlich zurücklassen zu müssen.«

»Welch ein Schreck, als ich bemerkte, dass ich mit meiner Autofahrt unerlaubt eine Bezirksgrenze überschritten hatte, um meinen Sohn von einem Freund abzuholen. Ich überlegte Argumente, im Falle einer Polizeikontrolle. Was für eine Farce.«

»Mit meiner Einmann-Autowerkstatt gehörte ich zu den Systemrelevanten, habe nie auch nur irgendeine Förderung gesehen. Ich sollte bei meinen Kundschaften 2 G-Regeln kontrollieren und in meiner Werkstatt allein mit mir Maske tragen. Ersatzteile durfte ich nicht mehr selber holen. Steuern und Beiträge, mit denen meine Ausgrenzung finanziert wurde, darf ich hingegen immer noch mehr abführen.«

»Während ich im ersten Stock für die zwei Jüngeren mit der Technik kämpfte, damit sie dem Unterricht aus zwei verschiedenen Schulen auf zwei Laptops folgen konnten, begann die Große im Erdgeschoss sich zu ritzen. Erst Wochen später bemerkte ich die blutigen Arme. Letztlich hörte sie mit der höheren Schule auf und begann eine Lehre. Sie litt wieder unendlich unter der Entscheidung für eine Impfung, damit sie in der Firma nicht geächtet wurde und am sozialen Leben teilhaben konnte.«

»Als Ärztin war ich vom Berufsverbot bedroht. Mit meiner Familie habe ich konkrete Auswanderungsvorkehrungen getroffen. Gleichzeitig kamen immer mehr verzweifelte Menschen in meine Praxis, die mit ihren Impfnebenwirkungen im Stich gelassen wurden.«

Empathie stößt an ihre Grenze

Wie es diesen Menschen tatsächlich ging, kann wohl nur jemand nachempfinden, der selber zu den Ausgeschlossenen gehörte. Die Verletzungen kann man nicht ungeschehen machen. Jetzt nur eine halbherzige

Aufarbeitung anzubieten, greift aber deutlich zu kurz. Überschießende Schutzmaßnahmen zu verordnen ist das eine, sie aber in der Art und Weise zu kommunizieren, wie es passiert ist, war menschenverachtend. Es darf nie wieder von Politikern und Medien dieses Landes eine derartige Abwertung von Menschen geschehen, die nichts getan haben, außer für ihren eigenen Körper eine Behandlung zu verweigern. Und jeder muss sich fragen, ob wir wirklich in einem Land leben wollen, in dem eine Gruppe, aufgrund nur eines gemeinsamen Merkmals, so schnell zum Sündenbock gemacht werden kann.

Namen bekannt, aber nicht angeführt, weil die Betroffenen noch immer Sorge vor Repressalien haben.

7. »Fetzendeppert« – Der Verfall von Respekt und Achtung

Presseaussendung vom 28. 2. 2023

Es ist viel passiert in den letzten drei Jahren. Die Abwertung und Ächtung von Menschen mit abweichenden Ansichten, war eine der schlimmsten Verfehlungen von Politikerinnen und Politikern und Menschen aus der Öffentlichkeit. Sie öffneten damit die Büchse der Pandora. Plötzlich war es allen erlaubt, Andersdenkende zu beschimpfen, abzuwerten und zu demütigen. Die Experten und Politiker taten es ja auch. Meinungsfreiheit und offener Diskurs, als Grundpfeiler einer Demokratie, wurden damit systematisch untergraben.

Auch Vertreter der katholischen Kirche vergaßen ihre Grundwerte wie Nächstenliebe und Respekt. So richtete etwa Kardinal Schönborn am 10. April 2022 in der ORF-Pressestunde an die Maßnahmenkritikerinnen und Maßnahmenkritiker den Appell: »Gott, lass es Hirn regnen«. Ebenso ließ Oliver Vitouch (Rektor der Uni Klagenfurt), bezogen auf die willkürlich eingeführte 2G Regelung, über Facebook ausrichten: »Jene, die das alles kategorisch von sich weisen, müssen beizeiten beginnen darüber nachzudenken, ob eine Universität das richtige für sie ist«. Ein

Sager, der verwundert. Gerade die Universitäten sollten der Ort für kritische Auseinandersetzung und kontroversen Diskurs sein. Die niederösterreichische Landeshauptfrau Mikl Leitner attestierte ungeimpften Personen Unvernunft und betrachtet sie als Belastung für die Geimpften. Und Beate Meinl-Reisinger von den NEOS ging im September 2021 sogar so weit zu sagen: »Fetzendeppert, muss man sagen« (gerichtet an die FPÖ, die die Impfstrategie der übrigen Parteien nicht teilte).

Wenn die Grenzen des Sagbaren verschwinden

Wir begaben uns in die Arena, wo Menschen an den Pranger gestellt wurden und Diffamierungen unwidersprochen hingenommen wurden. Niemand gebot Einhalt. Ganz im Gegenteil. Es ging noch weiter: Offen maßnahmenkritischen Menschen wurde das Leben zur Hölle gemacht. Auch dem unlängst verstorbenen Biologen und Autor Clemens Arvay wurde übel mitgespielt: in Medien gedemütigt, Wikipedia-Einträge auf diffamierende Art geändert, Videos gelöscht und seine Expertise als lächerlich und absurd abgetan.

Spätestens seit Reinhard Hallers Buch »Die Macht der Kränkung« wissen wir, wie sehr uns Kränkungen und Abwertungen belasten. Sie machen uns krank. Die massivste Form der Kränkung ist die Demütigung, die beabsichtigte Erniedrigung. Sie zerstört alles und ist der Anfang vom Ende einer respektvollen, aufgeklärten und sozialen Gesellschaft.

Sprache schafft Wirklichkeit

In den letzten drei Jahren wurden ungeheuerliche Wörter und Sätze gesagt. In der Politik genauso, wie in unseren Familien und Freundeskreisen. Es ist dabei etwas aus den Fugen geraten und der gegenseitige Respekt blieb auf der Strecke. Diesen gilt es aber mit aller Macht einzufordern. Von der Politik genauso wie im persönlichen Umfeld. Er ist die Basis jeder Beziehung und jeder demokratischen Struktur. Auf ihn dürfen wir auf keinen Fall verzichten.

Fangen wir an, eine gemeinsame Sprache zu finden. Sprache macht etwas mit uns, verbindet uns, bringt uns einander näher oder entzweit.

Oder wie der österreichische Kommunikationswissenschafter Paul Watz-lawick sagt: Sprache schafft Wirklichkeit. Es muss uns wichtig sein, wie wir in unserem Land miteinander reden. Und schlussendlich sind es immer wir, die einen Beitrag leisten können. Wir können mit Worten Frieden schaffen. Es liegt in unserer Hand.

Kanzler Nehammer meinte zuletzt, dass die Möglichkeit bestehe, einander die Hand zu reichen. Ein beigefügtes »Ich bitte um Entschuldigung« wäre mehr als angebracht. Und die Bereitschaft aller, zu verzeihen.

8. Zusatzfunktionen für Viren – Forschung oder Gefahr?

Presseaussendung vom 2. 3. 2023

Zunächst als Verschwörungstheorie abgetan, konnten unabhängige Forscher die These erhärten, dass SARS-CoV-2 in einem Labor in Wuhan künstlich erschaffen wurde. Ein deutlicher Hinweis ist der DEFUSE-Forschungsantrag, der ein hochansteckendes Coronavirus zum Ziel hatte. Zusätzlich hat das Erbgut von SARS-CoV-2 auffällig ähnliche Eigenschaften wie andere künstlich erzeugte Viren. Die entsprechenden Forschungsgelder wurden von Anthony Fauci und weiteren einflussreichen Männern vergeben, weswegen der Ursprung von SARS-CoV-2 bis heute weitgehend unterdrückt wird. Die Grünen für Grundrechte und Informationsfreiheit fordern diesbezüglich lückenlose und ehrliche Aufklärung. Experimente, die Viren zusätzliche, gefährliche Eigenschaften verleihen, gehören wesentlich strenger geregelt.

Virus aus dem Labor?

Während der letzten drei Jahre galt in Politik und Leitmedien auf der ganzen Welt, dass das neuartige Coronavirus SARS-CoV-2 aus der Natur kommt und eine Alternative gar nicht erst denkmöglich ist. Unter Fachexpertinnen und -Experten und unabhängigen Medien sprach sich jedoch schnell herum, dass das Virus Eigenschaften hat, die zu einem natürlichen Ursprung nicht passen. Wer damit jedoch an die Öffentlichkeit zu gehen versuchte, wurde schnell als Verschwörungstheoretiker diffamiert oder zensiert.

Im Lauf der Zeit geriet »Proximal Origin« – die These, dass SARS-CoV-2 von einem Tier auf Menschen übergegangen ist – jedoch immer mehr ins Wanken. Demgegenüber konnte »Lab-Leak« – die These, dass SARS-CoV-2 in einem Labor erschaffen und mutmaßlich ohne böse Absicht von dort freigesetzt wurde – immer stärker untermauert werden. Die Öffentlichkeit nahm Schritt für Schritt zur Kenntnis, dass genetische Veränderungen an Mikroorganismen in der Forschung alltäglich sind und dass die (unbeabsichtigte) Freisetzung von Mikroorganismen aus Laboren viel öfter vorkommt als man denkt.

Besonders problematisch ist in diesem Zusammenhang die sogenannte Gain-of-Function Reserach of Concern (GOFROC), d. h. jene Forschung, bei der u. a. Viren zusätzliche oder veränderte Eigenschaften verliehen werden, um sie ansteckender zu machen oder ihr krankmachendes Potenzial zu erhöhen. Der Grund dafür mag zunächst nobel erscheinen, wenn es um vorbeugende Entwicklung von Behandlungen oder Impfstoffen geht. Tatsächlich jedoch besteht das Risiko eines gefährlichen Ausbruchs und die eilige Entwicklung unzweckmäßiger, wenn nicht gefährlicher Gegenmaßnahmen. Im Gegensatz zur politisch und leitmedial dominanten Sicht traf ersteres nur in geringem Ausmaß zu, zweiteres hat den Großteil des Schadens bewirkt.

Indizien für einen Laborunfall

Besonders auffällig ist die Furin-Spaltstelle (»Furin cleavage site«, FCS) im Spike-Protein von SARS-CoV-2. Diese erleichtert das Eindringen in menschliche Zellen. FCS in Coronaviren sind zwar bekannt, nicht jedoch in den nächsten Verwandten aus dem Subgenus Sarbecovirus. Allerdings ist die genetische Grundlage der FCS von SARS-CoV-2 als Patent in der BLAST Sequenz-Datenbank hinterlegt.[4] Somit ist natürlich

---

4   Syed A., *How to BLAST your way to the truth about the origins of COVID-19.* Substack, 2021. online: https://tinyurl.com/mr4dza44

auffällig, wenn ein Forschungsantrag namens DEFUSE 2018, bereits ein Jahr vor Ausbruch der Pandemie, den gentechnischen Einbau einer FCS in ein Sarbeco-Virus plant.[5]

Die Molekularbiologen Valentin Bruttel und Tony VanDongen haben in Zusammenarbeit mit dem Bioinformatiker Alex Washburne im Oktober 2022 höchst interessante Erkenntnisse veröffentlicht. Die Verteilung von Positionen, an denen Restriktionsendonucleasen (Enzyme, die DNA-Doppelstränge spalten) angreifen können, sind gleichmäßig im (in DNA übersetzten) Genom von SARS-CoV-2 verteilt. Das ist gewöhnlich bei künstlich erzeugten Viren. Bei natürlichen Viren sind solche Stellen zufällig verteilt.[6] Washburne hat auf seinem Substack die wesentlichen Hinweise zusammengestellt, die die »Lab-Leak«-Theorie stützen.[7]

Zu den Kritikern der »Lab-Leak«-Theorie gehören zuvorderst Francis Collins, Anthony Fauci, Jeremy Farrar und Peter Daszak. Die ersten drei haben mehrere Millionen US-Dollar Forschungsgeld für GOFROC Unternehmungen gewährt. Daszak hat über sein Unternehmen EcoHealth Alliance mit dem Wuhan Institute of Virology kooperiert. Der Kontakt ist Ende 2019 abgerissen, Berichte über die konkrete Anwendung der Gelder sind äußerst mangelhaft und intransparent. Die genannten Proponenten des natürlichen Ursprungs sind auch die, die große Verantwortung zu tragen hätten, sollte sich die »Lab-Leak«-Theorie endgültig bewahrheiten.

Alles hat seinen Preis – Nutzen und Risiko

Aus Sicht kritischer Fachleute ist die Debatte beendet. SARS-CoV-2 stammt aus dem Labor. Fraglich ist, wann man den mächtigen und einflussreichen Verantwortlichen Geständnisse entlocken kann und wie es um deren Rechenschaft bestellt ist.

5   Washburne A., *The Totality of the Circumstances surrounding SARS-CoV-2 emergence*. Substack, 2022. online: https://tinyurl.com/2dm4k3mn

6   Bruttel V. et al., *Endonuclease fingerprint indicates a synthetic origin of SARS-CoV-2*. bioRxiv, 2022. online: https://tinyurl.com/2e2uxbzc

7   Washburne A., *Zoonotic Origin Evidence We Don't Have*. Substack, 2022. online: https://tinyurl.com/367au8t6

Darüber hinaus ist es unerlässlich, ethische Aspekte und Risiken von »Gain-of-Function«-Forschung öffentlich zu diskutieren. Auch ist ein Hin und Her bei Verboten und Wiedererlauben, Spielereien mit Definitionen und Verlagerung in Länder mit geringeren Standards ist nicht zweckmäßig. »Es muss eine Notbremse her«, meint auch Madeleine Petrovic, »Forschung, die immer mehr von Konzernen mit starken, wirtschaftlichen Eigeninteressen abhängt, hat sich schon lange der Kontrolle durch die Allgemeinheit und die Politik entzogen. Aber wenn was passiert, dann wird vertuscht, verschleiert und das Kosten/Nutzen-Risiko auf uns abgewälzt. Die Politik versucht gar nicht mehr gegenzusteuern, ist entweder völlig naiv und hilflos oder gekauft und mit von der Partie.«

Wissenschaft lebt von offenem Diskurs und kritischen Fragen. Forschungsergebnisse sind freilich rigoros zu prüfen, egal ob sie die gängige Lehrmeinung oder ein politisch erwünschtes Narrativ stützen oder dekonstruieren. Diskreditierung und Zensur von Autorinnen und Autoren, denen Letzteres gelingt, zerstören das Vertrauen in die Wissenschaft nur noch mehr. Als GGI fordern wir zur Herkunft von SARS-CoV-2 eine lückenlose und ehrliche Aufklärung.

Weiterführende Quellen und Literatur:
Fidopiastis P., Everything You Need to Know About the Lab Leak. Brownstone Institute, 2023. online: https://tinyurl.com/2j226xsz
Metzl J., Origins of SARS-CoV-2, 2023. online: https://tinyurl.com/4p3dvcyp

9. Entrechtete Kinder und Jugendliche in der Corona-Krise

Presseaussendung vom 7. 3. 2023

Kinder und Jugendliche haben keine starke Vertretung, da sie weder als Wählerinnen und Wähler noch als Konsumentinnen und Konsumenten besonders relevant sind. Daher ist es Aufgabe der Erwachsenen, auf die Einhaltung der Kinderrechte zu achten. In der Kinderrechtskonvention der Vereinten Nationen sind diese festgehalten. Wie sträflich diese in den letzten Jahren verletzt wurden, wird nachfolgend exemplarisch ausgeführt:

Recht auf Gleichbehandlung und Schutz vor Diskriminierung: Manche Kinder hatten aufgrund von Vorerkrankungen ein Masken-Befreiungsattest. Oft mussten sie in der Schulklasse aber abgesondert in einem Eck sitzen, und der Kontakt zu anderen Kindern wurde ihnen verweigert. Durch das permanente Testen waren Kinder mehrmals wöchentlich der Angst ausgesetzt, womöglich positiv zu sein und dann abgesondert zu werden. Später wurde in manchen Schulklassen der Impfstatus laut verkündet und so der Nährboden für Denunziation und Ausgrenzung geschaffen. Lehrerinnen und Lehrer und Lehrbetriebe stellten nicht geimpfte Kinder mitunter an den Pranger und setzten sie unter Druck. Durch flächendeckende 2G-Regelungen erfuhren Jugendliche eine systematische Drangsalierung und den totalen Ausschluss.

Recht auf Gesundheit: Laut Anweisung des Herstellers muss beim Tragen von FFP2 Masken nach spätestens 45 Minuten eine Pause von 15 Minuten eingelegt werden, um »ausreichend« Sauerstoff zu bekommen. Das österreichische Arbeitsrecht verlangt spätestens nach 75 Minuten eine 30-minütige Pause. Aber Kinder mussten die Maske oft bis zu acht Stunden täglich ohne Unterbrechung tragen.

Bewegung ist für die Kindergesundheit essenziell. Turnunterricht fand aber monatelang nur sehr eingeschränkt statt. Leibesübungen im Freien mit Maske war nur eine der Absurditäten, die tatsächlich vorkamen. Vereins- und Teamsport wurden verunmöglicht.

Recht auf Bildung und Ausbildung: Zwischen März 2020 und Juni 2021 waren die Schulen immer wieder geschlossen, davon 16 Wochen komplett für alle Kinder. Für Jugendliche noch viel länger als für Volksschüler, nämlich insgesamt 39 Wochen. Manche Lehrlinge sahen ihre Schule überhaupt nie von innen. Studierende saßen allein in ihren WG-Zimmern und betraten in ihren ersten Semestern kaum einen Hörsaal.

Recht auf Freizeit, Spiel und Erholung: Wochenlang waren in ganz Österreich die Spielplätze sowie Wanderwege oder Naherholungsgebiete abgesperrt, sodass die Kinder sich nicht im Freien bewegen konnten. Sport- und Freizeitvereine mussten ihre Angebote einstellen, Bäder,

Sportanlagen und -hallen sowie Jugendzentren waren gesperrt. Haushaltsfremde Personen (auch Freunde genannt) zu treffen, war untersagt. Mit der Impfung und den damit einhergehenden 2G-Regelungen war es dann für viele Jugendliche weiterhin unmöglich, normalen Freizeitbeschäftigungen wie Kino oder Sport nachzugehen.

Recht auf Privatsphäre und gewaltfreie Erziehung: Das Zusammenleben in kleinen und kleinsten Wohnungen lässt keine ausreichende Privatsphäre zu. Auch Distanzunterricht funktioniert ohne geeigneten Arbeitsplatz und etwas Ruhe kaum. Die Regierung hat es verabsäumt, für Kinder mit prekären Wohnverhältnissen geeignete Räumlichkeiten für den Distanz-Unterricht zur Verfügung zu stellen. Anstatt Familien zu stärken, wurden sie in der Krise in Angst und Panik versetzt, was elterliche Fürsorge zusätzlich erschwerte. Häusliche Gewalt sowie körperliche und sexuelle Übergriffe an Kindern und Jugendlichen haben in den Lockdowns massiv zugenommen.

Ein Gipfel der Verletzung von Kinderrechten waren wohl die Wiener Boosta-Clips auf TikTok – dem Medium für Junge. Was für eine unsägliche, aus der Zeit gefallene Schwarze Pädagogik wurde da vermittelt: Angst, Zwang, Gewaltverherrlichung und Entführung als Mittel zum Zweck.

Recht auf besondere Fürsorge bei Behinderung: Kinder, die zur Entlastung der Eltern teilweise fremdbetreut waren, mussten in der Corona-Krise nach Hause geholt werden, wo die Familien mit ihren Kindern mit Beeinträchtigung dann alleine gelassen wurden.

Gesundheit reduziert auf Virenlast und Ct-Wert

Wie konnte es passieren, dass wir auf die umfassenden Bedürfnisse unserer Kinder und Jugendlichen so wenig achteten und sie so sehr verletzten, misshandelten und langfristig schädigten? Erst erklärte man ihnen, dass sie Oma und Opa ins Grab brächten, wenn sie sie umarmten, dann überließ man sie vielfach sich selbst und beschädigte damit viele Kinderseelen nachhaltig. Die Schulen wurden über Wochen geschlossen, sonstige Freizeitaktivitäten waren kaum mehr möglich. Kinder saßen plötzlich ihres sozialen Umfeldes beraubt, ununterbrochen vor Computern und vereinsamten. Digitaler Distanzunterricht konnte die Präsenzschule nur sehr unzureichend ersetzen. Eine unbeschwerte Kindheit mit Erfahrungen sammeln, in der Peergroup reifen, sich ausprobieren und austoben wurde in den letzten Jahren ausgetauscht gegen Angst vor Schmutz, vor Bakterien, vor Kontakt mit Erwachsenen und anderen Kindern. Auch junge Menschen wurden reduziert auf ihre Virenlast. Nicht in Betracht gezogen wurde, dass zur Gesundheit fundamental auch soziale Kontakte gehören. Und dass Angst und Sorgen krank machen. Noch dazu, wo gesunde Kinder nie besonders bedroht vom Virus waren und auch nicht als Treiber der Pandemie identifiziert werden konnten.

Je nach ökonomischen und sozialen Ressourcen der Familie sowie der persönlichen Resilienz konnte diese Zeit von der Jugend besser oder schlechter verkraftet werden. Neben dem Verlust an Bildungsinhalten explodierte die Zahl an Schulverweigerinnen und Schulverweigerern, die nie mehr in den Regelunterricht zurückfanden und unser Sozialsystem noch Jahrzehnte belasten werden. Durch die soziale Isolation stieg die psychische Belastung der Kinder und Jugendlichen enorm an. Viele von ihnen bekamen Essstörungen, Borderline-Syndrome oder wurden depressiv. Laut einer aktuellen deutschen Studie aus dem Frühjahr 2022 hat sich die Suizidrate bei 12 bis 18-Jährigen in den letzten drei Jahren im Vergleich zur Zeit vor Corona verdreifacht. Die Kinder- und Jugendpsychiatrien triagierten – im Gegensatz zu den Intensivstationen – tatsächlich und sind bis heute überfüllt.

Schritte zur Wiedergutmachung

13 Millionen Euro zur Förderung der psychischen Gesundheit der Kinder und Jugendlichen stellte das Gesundheitsministerium im Februar 2022 in Aussicht. Mehr als 30 Mal so viel, nämlich 411 Millionen Euro, waren uns hingegen die PCR-Tests an den Schulen wert. Und wie ein Hohn klingen diese Zahlen im Vergleich zu den fast 47 Milliarden an Wirtschaftshilfen, die in Österreich ausgeschüttet wurden. Zynisch könnte man also sagen, die Wirtschaft ist uns 3600 Mal wichtiger als die psychische Gesundheit unserer Kinder.

Wir fordern einen massiven Ausbau von stationären und niedergelassenen, kostenlosen Therapieangeboten für Kinder und Jugendliche – »koste es, was es wolle«.

Zu überlegen ist eine Verlängerung der Kinderbeihilfe um drei Jahre, sodass Kinder und Jugendliche die Möglichkeit haben, die in der Pandemie verlorene Zeit in ihrem Tempo nachzuholen.

Bei allen zukünftigen Gesetzen, Verordnungen und Maßnahmen ist der Fokus auf die Bedürfnisse unserer Kinder und Jugendlichen zu richten. Ein Kinder- und Jugendministerium ist einzurichten, dessen Aufgabe es ist, die Rechte der Kinder in der Gesellschaft zu vertreten.

Die wichtigste Lehre muss jedoch sein, dass Ausgrenzung, Isolation und das Schüren von Angst niemals wieder eine politische Strategie sein dürfen!

10. Das Spiel mit der Angst – die Offenbarungen der »Lockdown Files«

Presseaussendung vom 9. 3. 2023

Die »Lockdown-Files« (geleakte Chat-Nachrichten) aus Großbritannien machen erneut sichtbar, dass Angst bewusst als Maßnahme eingesetzt wurde. In den Chats ist die Rede davon, die neue Virusvariante gezielt »einzusetzen« um die Bevölkerung zu ängstigen (»We frighten the pants of everyone with the new strain«). Und zwar im Bewusstsein, dass damit Schaden angerichtet anstatt vermieden wird. Denn zuvor hatte Gesundheitsminister Matthew Hancock an Boris Johnson geschrieben, dass »die Gesamtsterblichkeit ziemlich bedeutungslos« sei. Aus den Chats geht deutlich hervor: Es wurde kein evidenzbasiertes Krisenmanagement durchgeführt, sondern Politik betrieben. Es ging nicht um die Gesundheit der Bevölkerung, sondern um politische und wirtschaftliche Interessen.

Angst und Schuld als entscheidende Faktoren

Deutschland und Österreich stehen um nichts nach. Auch hier war der Faktor Angst ein wesentlicher Aspekt in der Krisenstrategie. So stand in den Strategieunterlagen der deutschen Regierung, die schon vor geraumer Zeit an die Öffentlichkeit gelangten, dass ganz bewusst die schlimmste Urangst des Menschen, die Angst vor dem Ersticken, geweckt werden solle. Auch das Task-Force-Protokoll in Österreich weist ähnliche Inhalte auf. So sprach Ex-Bundeskanzler Sebastian Kurz (ÖVP) davon, dass die Bevölkerung Angst vor einer Infektion bzw. dem Tod von Angehörigen haben solle. In weiterer Folge prophezeite er dann öffentlich: »Jeder wird jemanden kennen, der an Corona verstorben ist«.

Zahlreiche Traumata sind die Konsequenz dieser politisch gesteuerten Angstmache – und zwar sowohl bei geimpften als auch bei ungeimpften Menschen. Jede und jeder von uns hatte Angst, jemanden anzustecken und für dessen Krankheitsausbruch verantwortlich zu sein. Schließlich wurde uns täglich eingehämmert, dass wir Schuld haben könnten. Unseren Kindern wurde vermittelt, sie wären »Virenschleudern«, »Superspreader« – und damit eine potenziell tödliche Gefahr für ihre geliebten Großeltern. Wie viele Menschen sind in dieser Zeit kaum besucht worden, wie viele einsam gestorben, wie viele konnten sich von ihren Liebsten nicht verabschieden, wie viele lebten in der ständigen Angst, sie könnten am Tod eines geliebten Menschen schuld sein? Es ist unglaublich, welch menschenverachtende Strategie hier angewandt wurde.

Aber anstatt diesen bedenklichen und schädlichen Methoden Einhalt zu gebieten, wurden jene Menschen, die diese Maßnahmen kritisierten, herabgewürdigt und diffamiert. Bis heute wurde das Pandemiemanagement der Regierung weder hinreichend beleuchtet oder kritisch reflektiert, noch wurden die Maßnahmen evaluiert, die Schäden aufgearbeitet und das Unrecht behoben.

Aufarbeitung und Entschuldigung dringend nötig!

Nicht von ungefähr hat sich – laut einer aktuellen Umfrage des Psychosozialen Dienstes der Stadt Wien – die psychische Gesundheit der

Wienerinnen und Wiener im Jahr 2022 dramatisch verschlechtert. Mehr als ein Drittel der Befragten berichtet von einer Verschlechterung ihres seelischen Zustandes. Rund 60 Prozent der Teilnehmerinnen und Teilnehmer schildern zudem depressive Symptome an einzelnen Tagen sowie Ängste und Erschöpfung.

Die Menschen wollen eine adäquate Auseinandersetzung und Reflexion der letzten drei Jahre. Das Vertrauen der Gesellschaft müssen sich Politik und Medien erst wieder zurückerobern. Dafür bedarf es politischer Konsequenzen sowie einer anständigen Fehlerkultur und einer aufrichtigen Aufarbeitung und wohl auch einiger Entschuldigungen. Das begangene Unrecht muss repariert werden. Und zwar voll und ganz. Es muss verhindert werden, dass jemals wieder mit Angst Politik betrieben wird.

11. Evidenzbasierte Maßnahmen?

Presseaussendung vom 14. 3. 2023

»Evidenzbasiert« zählt wohl zu den am meisten strapazierten Wörtern während der Gesundheitskrise. Mit dem Wort evidenzbasiert ist alles gesagt: Es ist wissenschaftlich, es ist richtig, Ende der Diskussion. So weit so gut. Aber: Was heißt eigentlich evidenzbasiert?

Evidenzbasiert ist eine Maßnahme dann, wenn sie auf wissenschaftliche Belege und Beweise gestützt ist, wenn deren Wirksamkeit unter Studienbedingungen und unter Alltagsbedingungen erwiesen ist. Die Definition ist klar. Von einer evidenzbasierten Maßnahme kann nur dann gesprochen werden, wenn diese auf einer plausiblen wissenschaftlichen Grundlage steht. Ebenso klar ist, dass nur dann von einer plausiblen wissenschaftlichen Grundlage gesprochen werden kann, wenn Unbefangenheit, Nachvollziehbarkeit und Methodenverständnis gegeben, sowie eine kritische Betrachtung und Plausibilitätsprüfung erfolgt sind.

Zu beantworten bleibt die Frage: Waren die Maßnahmen der Regierung evidenzbasiert?

Unbefangenheit

Evidenz suggeriert Objektivität. Um von Evidenz sprechen zu können, bedarf es zu allererst Unbefangenheit. Die ist dann gegeben, wenn Wissenschafterinnen und Wissenschafter ergebnisoffen und ohne Interessenskonflikte an das Thema herangehen.

Nachvollziehbarkeit und Methodenverständnis

Um von Evidenz sprechen zu können, bedarf es solider (hieb- und stichfester) Studien. Solide ist eine Studie dann, wenn eine sinnvolle Methodik angewandt und diese klar und nachvollziehbar dargestellt wird. Zudem bedarf es einer seriösen Interpretation der Ergebnisse. Das ist dann der Fall, wenn die Ergebnisse auf Basis eines soliden Verständnisses der angewandten Methodik und ihrer Grenzen interpretiert werden.

Als Negativbeispiel aus dem Pandemiemanagement der Regierung sei dazu folgendes genannt:

Im Bericht zur Sitzung der GECKO vom 11. 7. 2022 wird eine Preprint-Studie* der Arbeitsgruppe um Ziad Al-Aly zitiert.[8] Diese Gruppe ist für Panikmache durch Griff in die statistische Trickkiste bekannt. Bereits in einer früheren Studie wollte diese Gruppe um Ziad Al-Aly einen starken Zusammenhang zwischen Langzeitauswirkungen auf das Herz und einer Infektion mit SARS-CoV-2 erkannt haben.[9] Hier hat allerdings eine andere Gruppe gezeigt,[10] dass der Zusammenhang bereits weitgehend verschwindet, wenn eine geringfügige Anpassung im statistischen Verfahren vorgenommen wird. Deshalb wäre bezüglich der ersten Studie eine genaue Überprüfung der Methodik angebracht gewesen, ohne von

---

8   Al-Aly Z. et al., *Outcomes of SARS-CoV-2 Reinfection*. ResearchSquare, 2022. online: https://tinyurl.com/3fbxv2np

9   Xie Y. et al., *Long-term cardiovascular outcomes of COVID-19*. Nat Med 28, pp. 583–590, 2022. online DOI: https://doi.org/10.1038/s41591-022-01689-3

10 Erqou S. et al., *Specifying uniform eligibility criteria to strengthen causal inference studies of long-term outcomes of COVID-19*. medRxiv, 2022. online: https://tinyurl.com/55ywnbbu

vornherein von hoher Effektstärke bezüglich der Langzeitwirkung einer Infektion auszugehen.

Kritische Betrachtung und Plausibilitätsprüfung

Evidenz muss zudem geprüft werden. Und zwar nicht nur bezüglich der angewandten Methodik und deren Aussagekraft, sondern auch bezüglich ihrer Plausibilität. Es muss klar sein, ob die Ergebnisse relativ oder absolut sind, sie Korrelation oder Kausalität** zeigen usw.

Dazu sei folgendes Negativbeispiel aus dem Pandemiemanagement der Regierung genannt:

Im Bericht zur Sitzung vom 7.11.2022 wird eine Studie zitiert, die ein enorm hohes Aufkommen vom Post-Covid-Syndrom (Long Covid) festgestellt haben will.[11] In dieser Studie wurden Personen auf eine große Bandbreite generischer Symptome befragt. Post-Covid ist hier wörtlich zu nehmen, die Symptome sind tatsächlich nur zeitlich nach Covid oder einem positiven Test aufgetreten. Aber Kausalität kann damit allein nicht festgestellt werden. Denn: Zusammenhang bedeutet nicht gleich Ursächlichkeit. Die Autoren weisen selbst auf einige bemerkenswerte Schwächen und Einschränkungen der Untersuchung hin. Dennoch hat die GECKO einfach nur einen Teil wiedergegeben, ohne kritisches Hinterfragen der Methodik oder einer Prüfung der Ergebnisse auf Plausibilität.

Multidisziplinäre Evaluierung

Es ist also möglich und zwingend notwendig, die Qualität von Studien objektiv zu beurteilen. Zudem gibt es in der evidenzbasierten Medizin einen Stufenbau der Evidenz***. Es kann daher anhand der Entscheidungsgrundlagen beurteilt werden, ob die Regeln der evidenzbasierten

---

11   Peter R. et al., *Post-acute sequelae of covid-19 six to 12 months after infection: population based study.* BMJ 379, e071050, 2022. online DOI: https://doi.org/10.1136/bmj-2022-071050

Medizin eingehalten wurden oder nicht. Denn die entscheidende Frage die sich hier stellt ist: Wussten die Verantwortlichen es besser, oder hätten sie es besser wissen müssen?

Wir von der GGI fordern eine umfassende und vor allem ernst zu nehmende Evaluierung des Krisenmanagements der Regierung, inklusive kritischer Durchleuchtung der herangezogenen Evidenz. Schließlich wurden darauf aufbauend zahlreiche fragwürdige Maßnahmen gesetzt – ja, sogar schädliche Entscheidungen und massive Grundrechtseingriffe vorgenommen.

Ernst zu nehmen ist eine Evaluierung jedoch nur dann, wenn sie von einer externen Stelle vorgenommen wird, und wieder ein kritischer Diskurs eingeleitet wird, wenn also verschiedene Disziplinen und Sichtweisen sowie kritische Stimmen einbezogen werden. Wir von der GGI sind gerne bereit bei der Aufarbeitung und Evaluierung mitzuwirken.

Hinweis: Zur besseren Verständlichkeit wurde der Text vereinfacht. Allfällige, dadurch entstehende, wissenschaftliche Unschärfen bitten wir zu entschuldigen.

* *Preprint-Studie:* eine noch nicht begutachtete und in keiner Fachzeitschrift veröffentlichte Studie
** *Unterschied Korrelation und Kausalität:* Korrelation prüft, ob eine Beziehung zwischen zwei Phänomenen besteht. Wenn beobachtet wird, dass sich zwei Phänomene gemeinsam verändern, bedeutet dies nicht, dass wir wissen, dass das eine Phänomen das Auftreten des anderen Phänomens verursacht hat. Eine Korrelation impliziert nicht zwingend einen Kausalzusammenhang. Oft treten Phänomene rein zufällig gemeinsam auf, wie z. B. Störche und Babys.

***

12. Dritter Jahrestag des ersten Lockdowns: Ein Rückblick

Presseaussendung vom 16. 3. 2023

Ab dem 16. März 2020 wurde ein bundesweiter Lockdown verfügt – der erste in der Geschichte des Landes. Ein Sozialexperiment mit unabsehbaren Folgen. Heute, genau drei Jahre danach, blicken wir auch auf ein Land, das sich damals anders entschieden hat: Schweden.

Der schwedische Weg wurde anfangs heftig kritisiert. Ein unverantwortliches Experiment mit der Gesundheit der Bevölkerung sei diese lockere Strategie, hieß es. Aber war das wirklich so?

Ein gesellschaftliches Sozialexperiment

Schwedens Gesundheitsamtsdirektor Johan Carlson, sagte dazu: »Wenn die Menschen sagen, wir in Schweden machen ein Experiment mit unserem Sonderweg, würde ich antworten, dass es ein äußerst, äußerst kniffliges Experiment ist, die gesamte Bevölkerung über Monate einzusperren.«

Damit sollte er recht behalten. Der Lockdown hierzulande war der Auftakt einer gesellschaftsspaltenden Politik.

Erinnern wir uns:

Das öffentliche Leben stand still – aber nicht die Arbeitswelt per se. Hier teilte sich die Gesellschaft augenblicklich in zwei Lager. Die einen genossen die unverhofft freien Tage, während die Menschen in systemrelevanten Berufen – unter erschwerten Bedingungen – voll arbeiten mussten und ihre Kinder zu Hause allein mit dem Homeschooling kämpften. Auch Unternehmerinnen und Unternehmer und Führungskräfte mussten im vollen Krisenmodus Doppelschichten schieben. Strategien mussten erarbeitet werden, Förderungen waren zu beantragen und Verantwortlichkeiten zu klären.

Eine weitere Trennlinie waren die persönlichen und finanziellen Verhältnisse. Besonders einkommensschwache und gerade migrantische Familien waren nicht selten in engen Zweizimmerwohnungen

»eingesperrt«, und das mit rund fünf bis sechs Familienmitgliedern, mit Schulkindern, die unter diesen schwierigen Umständen dem Distanzunterricht folgen sollten. Dazu kamen existenzielle Sorgen und Ängste. Hier waren Streit und Gewalt vorprogrammiert.

Ganz anders erging es den finanziell Bessergestellten. Nicht wenige zogen sich in ihren Zweitwohnsitz am Land zurück und hatten endlich einmal die Ruhe und Zeit, lange aufgeschobene Renovierungsarbeiten zu erledigen oder einfach auszuspannen.

Und dann war da noch die Angst. Während die einen von der Viruspanik voll erfasst wurden, sahen es die anderen gelassener. Die Daten zeigten relativ schnell – ernsthafte Gefahr gab es nur für die Risikogruppen. Dafür machte sich Angst um die persönlichen Freiheiten und die Grundrechte breit.

Die Lebensrealitäten klafften weit auseinander. Es war der Beginn der Parallelgesellschaften. Damit begann auch der Neid und das Unverständnis, was in späterer Folge zu einer Blockwartmentalität führen sollte.

In Schweden hat man sich das erspart. Die Polarisierung in der Bevölkerung war und ist viel weniger ausgeprägt. Eigenverantwortung wurde konstant hochgehalten. »Es gibt eine individuelle Verantwortung, die muss jeder für sich selbst, für seine Mitmenschen und sein Land übernehmen«, sagte damals Ministerpräsident Löfven.

Langfristige Lockdown-Folgen noch nicht absehbar

Bis heute ist die epidemiologische Wirksamkeit der Lockdowns nicht bewiesen. Die gesellschaftlichen Auswirkungen hingegen sind offenkundig – und zeichnen ein erschreckendes Bild. Im Rückblick waren die vier teilweise lang andauernden Lockdowns zweifellos ein großer Fehler. Die tatsächlichen sozialen und wirtschaftlichen Langzeitfolgen werden sich jedoch erst nach und nach zeigen.

13. Zum Welt-Down-Syndrom-Tag: Behinderte Kinder und Jugendliche in der Pandemie

Presseaussendung vom 21. 3. 2023

Anlässlich des Welt-Down-Syndrom-Tages möchten wir die Aufmerksamkeit auf die Auswirkungen der Maßnahmen auf behinderte Menschen und ihre pflegenden Angehörigen lenken. In Österreich gibt es rund 80.000 Kinder und Jugendliche mit einer Behinderung, unabhängig vom Schweregrad. Einige davon sind auf pflegende Angehörige und Einrichtungen, die auf die Begleitung von behinderten Menschen ausgerichtet sind, angewiesen. Mit dem Grad der Behinderung steigt auch der Pflegeaufwand, der oft nicht nur von Seiten der Familie geleistet werden kann.

Der erste Lockdown war für pflegende Angehörige der Beginn einer 24-Stunden-Pflege. Da Sonderschulen, Integrationsklassen, Einrichtungen und Tagesstätten sowie betreute Wohngemeinschaften geschlossen wurden, übernahmen Eltern in der Minute die Betreuung ihrer Kinder, die keine 24-Stunden-Betreuung hatten. Aber selbst Familien mit einer 24-Stunden-Betreuung kämpften mit dem Problem der geschlossenen Grenzen, da die Pflegekräfte meist aus dem Ausland kamen.

Für die betroffenen Kinder und Jugendlichen war die Situation sehr belastend. Der Zugang zu Therapieeinrichtungen war stark eingeschränkt oder gar nicht möglich. Für Betroffene am Autismus-Spektrum ist Routine essenziell. Diese war von einem Tag auf den anderen unmöglich. Dazu kamen die soziale Isolation und die Tatsache, dass viele betroffene Kinder und Jugendliche nicht begreifen konnten, weshalb nun alles anders war. Die psychischen Auswirkungen waren vielfältig, aber durchwegs negativ.

Homeschooling – gut gemeint, nicht durchführbar

Das nach ein paar Wochen initiierte Homeschooling war bei behinderten Kindern mit höheren Pflegestufen nicht möglich. Unterricht zu Hause hieß, dass Eltern komplett die Förderung und Pflege ihrer Kinder leisten mussten. Hinzu kommt noch, dass Care-Arbeit oft von Frauen geleistet wird und viele Eltern von behinderten Kindern getrennt sind. Das bedeutete, dass Mütter mit ihren behinderten Kindern allein zu Hause im 24-Stunden-Pflegemodus waren.

»Es war eine schlimme Zeit«, sagt Martina Höpler-Amort, Mutter einer schwer behinderten Tochter. »Meine Tochter kann nicht gehen und hat einen extrem hohen Pflegeaufwand. Ich war nach einigen Wochen körperlich so am Ende, dass ich, die keinen systemrelevanten Beruf hat, die Schule darauf drängte, zumindest einige Stunden die Notbetreuung nutzen zu können. Nach Ostern wurden dann zwei Tage in der Woche angeboten, die aber immer wieder durch Quarantäne oder Krankheit der Pädagoginnen nicht zustande kamen.«

Unzumutbare Maßnahmen und Verordnungen

Im Herbst führten Maßnahmen wie das Tragen von Masken und Covid-19-Tests zu weiteren Komplikationen im Pflegebereich. Kurzfristig führte die Verordnung für 48 bzw. 72 Stunden PCR-Tests bei 24-Stunden-Betreuerinnen und -Betreuern zu einem Pflegenotstand. Pflegeorganisationen protestierten heftig und schließlich wurde die Verordnung geändert.

Der Regierung wurde mehrmals ein »blinder Fleck« in Bezug auf die Situation der Pflege attestiert. Warum sich das Gesundheitsministerium nicht mehr um angepasste, passende Verordnungen und Ausnahmen bemühte, bleibt unklar. Ein gutes Krisenmanagement darf nicht die Menschen vergessen, die besonderen Schutz und Hilfe benötigen, sowie die Zumutbarkeit von Maßnahmen für pflegende Angehörige. Daher ist eine umfassende Folgenabschätzung, insbesondere im Krisenmodus, unerlässlich. Auch kleine Veränderungen können große Auswirkungen haben und Schäden verursachen, die nicht mehr behoben werden können.

14. Corona-Kapitel: Schwarz-Blauer Aufreger in Niederösterreich + offener Brief

Presseaussendung vom 23. 3. 2023

Das Land Niederösterreich wird voraussichtlich bis 2028 schwarz-blau regiert. Demokratisch legitimiert ist diese Regierung durch das Votum von über 64 Prozent der wählenden Wahlberechtigten. Das Arbeitsübereinkommen steht. Medial wird vor allem der Teil zur Corona-Aufarbeitung thematisiert. 30 Millionen Euro stehen zur Wiedergutmachung der Schäden in einem Fonds zur Verfügung, eine verschwindend kleine Summe, wenn man die für das Jahr 2023 budgetierten Gesamtaufwendungen des Landes von beinahe acht Milliarden ansieht.

Aufarbeitung unerwünscht!?!

Allein die Tatsache, dass die FPÖ in eine weitere Landesregierung einzieht, erhitzt die Gemüter. Selbstreflexion, welchen Beitrag die anderen Parteien zur Wiedererstarkung der FPÖ geleistet haben, sucht man vergeblich. Besonders echauffiert sind viele über den Teil des Übereinkommens zu Corona. Zum Beispiel hebt das Land Niederösterreich darin die Corona-Impfpflicht und jede Diskriminierung für ungeimpfte Mitarbeiter auf. Auch die Impfwerbung wird gestoppt, Strafzahlungen aufgrund mittlerweile aufgehobener Verordnungen sollen rückerstattet werden. Als Reaktion auf diese Maßnahmen bezweifeln der Gesundheitsminister und die Europaministerin die juristische Möglichkeit, Corona-Strafen zurückzuzahlen. Aus dem Klima-Ministerium kommt gar die Forderung nach Abschaffung der Bundesländer. Und sogar die Bioethik-Kommission sieht sich zu einer »Ad-Hoc-Stellungnahme« bemüßigt. Ihrer Auffassung nach würden politische Diskussionen um eine Wiedergutmachung in eine unethische Richtung gehen und wissenschaftliche Erkenntnisse negieren. Zudem sehen sie im Stopp der Impfwerbung die Schutzpflicht des Staates verletzt.

Wie viele Leben rettete die Corona-Impfung?

Der niederösterreichische Ärztekammerpräsident spricht im ORF im Zusammenhang mit dem Regierungsübereinkommen von Verantwortungslosigkeit und man hört von 15 bis 20 Millionen weniger Toten im ersten Jahr der Impfung, was eine mittlerweile – wegen schwerer methodischer Mängel – umstrittene britische Modellrechnung belegen soll. Anschober und Wiederkehr berufen sich auf Angaben der WHO, wonach die Impfung 2021 allein in Europa 500.000 Corona-Tote verhindert hätte. Minister Rauch rechnet für Österreich mit zehntausenden durch die Impfung geretteten Menschenleben. Die Berechnungsmethoden für diese Zahlen scheinen jedoch höchst unseriös zu sein. Deren Erwartungswerte ergeben sich aus den frühen, in chaotischen Zuständen ermittelten Daten zur Tödlichkeit der Krankheit. Jene Werte wurden später deutlich nach unten korrigiert, was aber weder medial noch in diversen Modellrechnungen gebührende Aufmerksamkeit erhalten hat. In einem Interview bezeichnete Dr. Allerberger, der ehemalige Chef des Bereichs »Öffentliche Gesundheit« der AGES, es zudem als unverantwortlich, dass bezüglich der mRNA-Impfungen eine rund 95-prozentige Wirksamkeit postuliert wurde, insbesondere weil das »mit keinen wissenschaftlichen Daten zu untermauern« war.

Wo sind die evidenzbasierten Studien, wenn doch gleichzeitig von einer weltweiten Übersterblichkeit die Rede ist? Um dem auf den Grund zu gehen, gibt es Qualitätsmedien und die Bürgerinnen und Bürger finanzieren einen öffentlich-rechtlichen Rundfunk für seine unabhängige, kritische, umfassende Berichterstattung. In Deutschland ist die mediale Corona-Aufarbeitung mit vielen Beiträgen im ÖRR bereits in vollem Gange. In Österreich tut sich vor allem der ORF noch sehr schwer.

Auch Madeleine Petrovic macht sich über den unabhängigen ORF Gedanken und formuliert diese in einem Offenen Brief an ORF-Generaldirektor Roland Weißmann:

Wien, 23. März 2023
ORF z. H. Herrn Generaldirektor
Roland Weißmann
Hugo-Portisch-Gasse 1
1136 Wien

Sehr geehrter Herr Generaldirektor Weißmann,
sehr geehrte Damen und Herren,

die großen Spannungen, die im Zuge der Corona-Phase in den Wissenschaften und in allen Schichten der Bevölkerung aufgetreten sind und sich bis heute gesellschaftlich und wirtschaftlich sehr negativ auswirken, sind Ihnen bekannt. Führende Persönlichkeiten des öffentlichen Lebens – so unter anderem der Bundeskanzler – bemühen sich um die Überwindung der Spaltung.

In den Programmen des ORF vermissen wir – eine Gruppe von Personen aus der Grünbewegung, die (im Einklang mit den grünen Grundwerten) von Anfang an für Selbstbestimmung in Sachen Schutz der Gesundheit, für den Schutz sensibler Daten und den Respekt von Grundprinzipien wissenschaftlichen Denkens und Arbeitens eingetreten sind – massive Anstrengungen in Richtung einer ehrlichen Aufarbeitung von offenkundigen Fehlern im Umgang mit Corona bzw. einer Wahrung des öffentlich-rechtlichen Auftrags einer **vorurteilsfreien und objektiven Berichterstattung**.

Von Anfang an haben renommierte Ärztinnen und Ärzte – darunter u. a. Personen, die den Nobelpreis für medizinische Forschungen erhalten haben –, Fachleute aus der Pharma-Wirtschaft, aus den Rechtswissenschaften, ganz allgemein aus den Natur- und Geistes-Wissenschaften Kritik an den übereilten, nicht ausreichend evaluierten und daher viel zu riskanten politischen Entscheidungen geübt.

All diese Warnungen und all die kritischen wissenschaftlichen Publikationen in den angesehensten Fachzeitschriften wurden konsequent vom ORF übergangen, ignoriert oder sogar als Ausdruck von »Verschwörungstheorien« abgetan. Im Gegensatz dazu wurde der generellen Herabwürdigung der Menschen, die an Protestmaßnahmen teilnahmen (»Schwurbler«, »Corona-Leugner«), ja sogar der unglaublichen

Unterstellung, es seien rechtsextreme Kundgebungen gewesen, breiter Raum geboten.

Sogar jetzt, wo die extremen Schädigungen von Kindern und Jugendlichen durch Isolation und Schulsperren, die allgemeine Zunahme von Depressionen sowie der Verwendung von Schlaf- und Beruhigungsmitteln und die nicht mehr zu leugnenden gravierenden Impf-Schäden bis hin zu Todesfällen und bleibenden Beeinträchtigungen, in einem nie dagewesenen Ausmaß offenkundig sind, zögert der ORF mit dem unausweichlichen Beginn einer Beteiligung an der Aufarbeitung. In diesem Rahmen sei stellvertretend für die tausenden kritischen Publikationen und Stellungnahmen nur der deutsche Gesundheitsminister, der zunächst die Corona-Maßnahmen und -Impfungen massiv bewarb und verteidigte, genannt: Er gesteht schwerste Impfschäden ein und verspricht Hilfe für die Betroffenen.[12]

Im ORF hingegen wird – etwa im Zusammenhang mit der Berichterstattung über das NÖ Regierungsabkommen – immer noch von »Millionen von Menschen, die durch die Impfung gerettet worden seien« gesprochen, ohne ein Wort über die vielen, überwiegend jungen Menschen zu verlieren, die kaum ein Risiko durch eine Corona-Infektion zu befürchten gehabt hätten und denen bleibende Schäden zugefügt wurden.

Während also etliche Vertreterinnen und Vertreter der Politik nunmehr »zurückrudern« verharrt der ORF in einer Art »Pfizer-Starre« und berichtet kaum über kritische Studien bzw. über die unglaublichen Einnahmen der Mainstream-Medien (inklusive ORF) für Corona-Werbung.

Dazu unsere Fragen:

- Wie viel Geld hat der ORF für »Corona-Impf-Werbung« insgesamt (von öffentlichen und privaten Stellen) erhalten?
- Gab es Bedingungen für diese Werbe-Millionen (z. B. keine kritischen Berichte, keine Diskussionen zwischen Vertreterinnen und Vertreter verschiedener wissenschaftlicher Überzeugungen wie seinerzeit in der Frage der Zulassung von Atomkraftwerken, gentechnisch

12 Sievers C., *Lauterbach verspricht Hilfe nach Impfschäden.* Zweites Deutsches Fernsehen (ZDF), 2023. online: https://tinyurl.com/2twrb7c2

veränderter Pflanzen etc.)? Wenn nein, wie erklären Sie sich die einseitige Berichterstattung, wenn ja, welche?

- Halten Sie es mit dem öffentlich-rechtlichen Auftrag für vereinbar, in einer derart brisanten, jeden Menschen berührenden Frage, von »einer Seite« Werbegeld anzunehmen?
- Wie wird Ihrer Meinung nach die einseitige Parteinahme des ORF für die Position von Pharma-Konzernen – es gab ja auch Auftritte von nicht als solchen kenntlich gemachten Pfizer-Leuten pro Impfung – das Ansehen des ORF beeinflussen? Wird man dem ORF je wieder Objektivität zugestehen können?
- Welche Auswirkungen wird die einseitige, offenbar lukrative Positionierung auf die Bereitschaft der Bevölkerung, einen Haushaltsbeitrag zur Finanzierung des ORF zu leisten, haben?

Wir unterstützen grundsätzlich die Existenz und die ausreichende Finanzierung eines öffentlich-rechtlichen Rundfunks mit Kultur- und Bildungsauftrag. Aber unser Vertrauen, dass der ORF diesen noch leisten kann, ist tief erschüttert. Dennoch sind wir zu einem Dialog und zur Mitwirkung an einer Aufarbeitung der Causa Corona mit dem ORF bereit. Es wäre wichtig für das Land, die Leute und den ORF!

Wir sehen Ihrer Antwort entgegen und verbleiben mit freundlichen Grüßen,

Madeleine Petrovic
Grüner Verein für Grundrechte und Informationsfreiheit

15. Corona-Aufarbeitungskommission: Versöhnung oder Farce?

Presseaussendung vom 28. 3. 2023

Rund um Ostern soll es soweit sein: Die Regierung beginnt mit der Aufarbeitung der Corona-Krise und startet einen Dialogprozess. So hat es zumindest Kanzler Nehammer angekündigt, der Gräben zuschütten und sich versöhnen will. Einmal mehr wird dazu eine Kommission eingesetzt. Diese Aufarbeitung ist notwendig und muss umfassend sein. Das finden nicht nur immer mehr Politiker und Experten, auch Millionen Menschen sehnen sich nach einer ehrlichen Fehlerkultur sowie danach, die Missstände im System zu identifizieren und zu beheben. Grund- und Freiheitsrechte müssen künftig uneingeschränkt geachtet werden.

Pflichtübung oder echte Wahrheitssuche

Die Verantwortung wird nunmehr zwischen Expertinnen und Experten und Regierung hin und her geschoben. Klar ist: die Regierung trägt die politische Gesamtverantwortung. Klar ist auch, dass die Regierung sich selbst ihre Experten ausgesucht hat. Manchen von ihnen fehlte die notwendige Expertise, andere hatten relevante Interessenskonflikte und wieder andere waren weisungsgebundene Beamte. Kritische Stimmen wurden aus den Gremien entfernt, oder gar nicht eingeladen. Ein gewisses Auswahlverschulden der Politik ist daher nicht von der Hand zu weisen.

Andererseits tragen auch die Expertinnen und Experten selbst eine Verantwortung. Die Berichte erfüllen oft nicht die wissenschaftlichen Standards. Sie lesen sich eher so, als ob eine bestimmte, vorgefertigte Meinung durch das willkürliche Auswählen dazu passender Studien gestützt werden sollte. In der Wissenschaft gibt es den Grundsatz »Follow the evidence, wherever it leads you«, also »Folge den Beweisen, wo immer sie auch hinführen«. Dies ist an dieser Stelle zweifellos nicht passiert.

Lag es am Druck der Politik oder an mangelnder Expertise in den Gremien? Haben sich die Experten von Politik oder Pharmaindustrie instrumentalisieren lassen? Oder wurden die Politiker durch fehlerhafte Expertise in die Irre geführt? Das ist nun zu klären.

Wie bei jeder Untersuchung können die Untersuchten nicht gleichzeitig als Aufklärer agieren. Der Interessenkonflikt ist hier offensichtlich. Andererseits darf es auch kein Tribunal geben. Es braucht eine sachliche, unabhängige Aufklärungskommission.

Forderung: Gründliche Aufarbeitung und breiter Diskurs

Wir fordern, dass nun andere, unabhängige Fachleute aus unterschiedlichen Bereichen zu Wort kommen: Public Health, Psychologie, Soziologie, Wirtschaft und natürlich aus dem Bereich der Maßnahmen-Kritiker und -Betroffenen. Sie werden unter anderem folgenden Fragen stellen:

- Warum sind bewährte Prinzipien des Gesundheitswesens ignoriert worden (Selbstbestimmungsrecht der Patientinnen und Patienten, Schadensvermeidung, das Wohl der Patientinnen und Patienten, Soziale Gerechtigkeit)?
- Warum hat man so lange auf dem virologisch-medizinischen Tunnelblick verharrt?
- Warum wurde nur auf die Impfung gewartet und nicht in die Prävention oder die Entwicklung alternativer Behandlungsstrategien investiert?
- Wer hat sich an der Krise bereichert, von wem kann man etwas zurückfordern?
- Wie geht es den Wehrlosesten, den Kindern, Jugendlichen, alten und/ oder pflegebedürftigen Menschen?
- Wie kann man solch überschießende Maßnahmen in Zukunft verhindern?

Idealerweise bringen diese Menschen einen Blick von außen mit, oder auch die Perspektive einer Region, die besser durch die letzten Jahre gekommen ist (etwa die skandinavischen Länder). Oder sie gehören zu den unzähligen wissenschaftlichen Unterstützerinnen und Unterstützern der Great-Barrington-Erklärung vom Oktober 2020, die schon damals einen gezielten Schutz der Risikogruppen empfahlen, aber vor allem den Jungen weiterhin ein normales Leben ermöglichen und damit die Kollateralschäden der Lockdowns verhindern wollten.

Maßnahmen-Opfern Gehör verschaffen

Am wichtigsten sind jedoch die Menschen, welche von den Folgen des Fehlmanagements und der Uneinsichtigkeit weniger Entscheidungsträger direkt betroffen waren und sind: Diejenigen, die ihren Arbeitsplatz verloren haben, die mit seelischem Leid zu kämpfen haben, die verhöhnt und ausgegrenzt worden sind, die seit Wochen und Monaten an den Folgen der Covid-19-Impfung leiden und kein Gehör finden, die immer noch verwirrt und ängstlich sind, die das Vertrauen in die öffentlichen Institutionen und die demokratischen Grundfesten der Politik verloren haben. Ihnen allen gebührt eine Vertretung, die den Fach-Experten auf Augenhöhe begegnet.

Bringen wir also all diese Menschen so schnell wie möglich an einen Tisch und lassen eine ehrliche, umfassende Aufarbeitung beginnen. Auf dass Gesundheit, Demokratie und Grundrechte nie mehr wieder als Widerspruch gesehen werden.

16. Die Kirche in der Corona-Krise

Presseaussendung vom 30. 3. 2023

Anlässlich der bevorstehenden Osterfeiertage widmen wir uns heute der Rolle der Kirche in der Corona-Krise aus unserer Sicht.

Herausforderungen für Kirchen in der Welt von heute

Die Kirchen stehen in einem Spannungsverhältnis zwischen einer immer geringeren Anzahl an praktizierenden Christen und einer Welt, die »offen für alles« ist und sich von traditionellen Werten immer mehr entfernt bzw. diese sogar ablehnt. Werte wie Familie, eheliche Treue und Schutz des Lebens werden gesellschaftlich und gesetzlich immer mehr aufgeweicht. Dennoch genießt die Kirche einen gewissen staatlichen Schutz, durch das Konkordat und die teilweise noch vorhandene christliche Tradition. Durch viele Um- und Missstände ist ihre Situation jedoch fragiler geworden. Vonseiten der Kirchen besteht das große Bestreben, sich nicht mit dem Staat anzulegen, was mitunter zu interessanten Verbiegungen führt.

Schwierige Situation in der Corona-Krise

Der katholischen Kirche war es von Anfang an ein großes Anliegen, die Christen gerade in dieser schwierigen Zeit zu begleiten. Es gab sofort Online-Angebote und zahlreiche Hilfestellungen. Zusätzlich war die Sorge groß, dass der Staat sicherheitshalber alle Kirchen lange schließen könnte. Weiters gibt es eine deutliche Überalterung, sowohl im Klerus als auch unter den Laien und die Angst vor Erkrankung und Tod ist entsprechend dominant. Wie wohl alle Priester Akademiker sind, wurde die Corona-Agenda der Regierung 1:1 ungeprüft übernommen und dominant an die Kirchengemeinden weitergegeben. Sämtliche Anweisungen wurden penibelst erfüllt, als ob das Seelenheil davon abhängen würde. Es wurde desinfiziert, Maske getragen, Abstands- und 2 G-Regeln umgesetzt und dazu Leute aus dem Kirchenchor, der Wärmestube u. ä. ausgeschlossen und den ungeimpften Menschen wurde lautstark vorgeworfen, dass sie schuld an der Corona-Krise wären. Die Umsetzung der Anweisungen ging so weit, dass es auch zu Entlassungen kam, wenn jemand maßnahmenkritisch predigte (z. B. Uwe Eglau). Die Spitze der Maßnahmenkonformität war die Errichtung einer Impfstraße im Stephansdom (sonst darf man nur nach Bezahlung oder während der heiligen Messe so weit in den Dom vordringen) und im Vatikan die Herausgabe einer Impfmünze. Viele Christen verloren so ihr Vertrauen in die Kirche, traten aus oder kamen einfach nicht mehr.

Wie hätte diese Situation gelöst werden können und müssen?

Die Kirche sollte sich auf ihre ureigensten Aufgaben besinnen. Ihre Autorität hat sie nur in Glaubens- und Sittenfragen und darauf sollte sie sich beschränken. Ihr Auftrag ist es nicht, williger Handlanger des Staates zu sein.

In ihrer 2000-jährigen Geschichte hat sie sich auch immer um Kranke und Sterbende gekümmert und zwar nicht aus der Ferne, sondern mitunter sogar auf Kosten ihres eigenen Lebens (Elisabeth von Thüringen, Damian de Veuster, ...).

Politische Ansichten bzw. Mangel an Bereitschaft, sich medizinischen Maßnahmen zu unterziehen, sollten kein Ausschlussgrund sein. Die Kirche hat sich von ihrem befreiungstheologischen Verständnis her immer auf die Seite der Armen, Schwachen, Ausgegrenzten und Verachteten zu schlagen. Es wäre nicht nötig gewesen, alles wissenschaftlich zu überprüfen und zu hinterfragen. Es hätte gereicht, ihren Werten treu zu bleiben.

Ist doch in der katholischen Kirche für jeden Einzelnen zunächst sein Gewissen die oberste Instanz und nicht der Papst oder der Staat. Die Grundsorge muss die Liebe zu Gott und zu den Mitmenschen sein, die Befreiung aus Zwängen und Nöten und die Hoffnung auch im Angesicht von Krankheit und Tod.

Aufarbeitung und Lernen als Chance

Wie kann nun verhindert werden, dass die Kirche bei der nächsten Krise wieder mitläuft? Auch innerkirchlich sollten die umgesetzten Maßnahmen theologisch geprüft werden! Darf ein Mensch von einem Amt oder einer Funktion ausgeschlossen werden, weil er nur gesund – aber nicht geimpft ist? Auch hier wäre eine groß angelegte Besinnung, Entschuldigung und Buße angebracht!

Die Corona-Krise hat deutlich gemacht, wie wenig wir alle bisher gelernt haben, mit Angst richtig umzugehen, und wie schwer es sein kann, Vernunft und Herz in Einklang zu bringen. Gerade die Kirche als Gemeinschaft von Menschen, die einen Lehrer wie Jesus Christus hat, hätte das Potenzial dazu, als Vorbild vorzuleben, wie das gelingen kann.

17. Gedanken zur Corona-Aufarbeitung aus psychologischer Sicht

Presseaussendung vom 11. 4. 2023

Ein Gastbeitrag von Mag. Dr. Regina Lackner und Mag. Nathalie Romstorfer – Plattform psychische Gesundheit *

Um die Geschehnisse der Jahre 2020 bis 2023 und ihre Auswirkungen aufzuarbeiten, bedarf es einer umfassenden und aufrichtigen Auseinandersetzung. Diese erfordert einen differenzierten Blick, der die Bandbreite der Maßnahmen und Einschränkungen mit all ihren bisher bekannten und noch zukünftigen Konsequenzen berücksichtigt. Und es bedarf Mut, die vielfältigen negativen Auswirkungen anzuerkennen, vor allem dann, wenn dies bedeutet, rückblickend eingestehen zu müssen, dass die Maßnahmen nicht angemessen und für viele mit erheblichen Leid verbunden waren (und nach wie vor sind).

Einsicht – Offenheit – Veränderung

Die Voraussetzung für eine gelingende Aufarbeitung ist die Anerkennung des Leids, das Menschen in den letzten drei Jahren auf unterschiedliche Weise erlitten haben. Diese Würdigung ist für jeden einzelnen Betroffenen ebenso wie für uns als Gesellschaft notwendig, um sowohl die Traumatisierungen verarbeiten zu können als auch die erlittene Spaltung zu überwinden und wieder zum Miteinander und Zusammenhalt zurückzufinden.

Vor allem zwei weitreichende Faktoren der letzten Jahre sollten beleuchtet werden: Zum einen das Schüren von Angst und Schuldgefühlen, mit dem die Verantwortlichen vorgegangen sind und das sie – wie wir heute wissen – bewusst eingesetzt haben, um Maßnahmen durchzusetzen. Zum anderen sollte die missbräuchliche Verwendung des Begriffs »Solidarität« thematisiert werden. Der ursprünglich positive Begriff der Solidarität wurde gezielt eingesetzt, in dem sie jenen Menschen abgesprochen wurde, die die Impfung und die Pandemie-Maßnahmen kritisch hinterfragten. Man unterstellte ihnen unsolidarisches Handeln und grenzte sie damit bewusst aus und verunglimpfte sie.

Die Folgen dieses Vorgehens zeigen sich mittlerweile in einer markanten Zunahme an Angststörungen und Depressionen sowie Suiziden bzw. Suizidversuchen.

Maßnahmen und ihre Auswirkungen auf die Psyche

- Kindern und Jugendlichen wurde bewusst Angst gemacht. Sie fürchteten sich davor, ihre Großeltern anzustecken und fühlten sich schuldig, wenn diese an Covid erkrankten oder in Zusammenhang mit Covid verstarben.
- Vier Lockdowns mit langen Schulschließungen und massiver Einschränkung der Kontakte und Freizeitmöglichkeiten, führten bei vielen Kindern und Jugendlichen zu erheblicher Beeinträchtigung ihrer psychischen und sozialen Entwicklung.
- Pflegebedürftige Menschen in Heimen wurden alleine gelassen und isoliert, erhielten oftmals keine ausreichende Pflege und wurden in ihrer Selbstbestimmung verletzt.
- Menschen durften aufgrund der restriktiven Besuchsregelungen ihre schwerkranken oder sterbenden Angehörigen nicht mehr sehen und konnten sich nicht von ihnen verabschieden.
- Bei vielen, die sich nicht impfen ließen, führten die Diffamierungen, Entwertungen und Ausgrenzungen zu weitreichenden existenziellen, sozialen, familiären und psychischen Folgen. So konnten z. B. junge Menschen ihr Studium nicht mehr fortsetzen. Andere verloren ihren Arbeitsplatz und zogen sich vollkommen zurück. Und einige nahmen sich das Leben.
- Zunehmend mehr Menschen leiden an gesundheitlichen Folgen der Corona-Impfung. Viele von ihnen werden nicht ernst genommen und erhalten kaum Hilfe und Unterstützung oder Entschädigung. Die Folgen des Vertrauensverlustes, den die Betroffenen erleben, indem sie vorher mit Angst und dem Verweis auf die Solidarität zu einer Impfung bewogen wurden und nun mit den negativen Auswirkungen dieser alleingelassen werden, sind noch gar nicht abzuschätzen.

Verantwortlich handeln – koste es was es wolle

All diese Aspekte bedürfen einer aufrichtigen, eingehenden Auseinandersetzung, im Rahmen eines breiten öffentlichen Diskurses, dem sich vor allem die Verantwortlichen und die Medien stellen sollten. Zusätzlich ist die Bereitstellung von Angeboten (Therapie, Beratung, ambulante und stationäre Behandlung, psychosoziale Reha, …) notwendig, die die Betroffenen bei der Verarbeitung des Erlebten unterstützen. »Koste es, was es wolle.«

* Die Plattform psychische Gesundheit ist ein Netzwerk von Psychologen, Psychotherapeuten sowie Lebens- und Sozialberatern, die u. a. Menschen, die unter den Folgen der Corona-Maßnahmen, des Impfdrucks sowie der Impfung leiden, psychologische bzw. psychotherapeutische Unterstützung anbieten. https://www.plattform-psychische-gesundheit.at/

18. Von »Covidioten« bis »Klima-Chaoten«: Die Macht der diffamierenden Sprache

Presseaussendung vom 13. 4. 2023

Die letzten Jahre waren geprägt von einem zunehmenden Verfall des respektvollen Umgangs und insbesondere der respektvollen Sprache. Es wurde salonfähig, Menschen bzw. Menschengruppen durch abwertende Bezeichnungen zu diskreditieren und den meisten Menschen fiel das gar nicht auf. Diese Entwicklungen haben jedoch weitreichende gesellschaftliche Folgen.

Erst kürzlich warnte die Medienethikerin Claudia Paganini in einem Interview mit der APA: »In dem Moment, wo ich durch Sprache Menschen herabwürdige, ist es nur mehr ein kleiner Schritt zur Gewalt.« Sie bezog sich auf diffamierende Bezeichnungen gegen Klimaaktivisten, die als »Klima-Terroristen« oder »Klima-Chaoten« bezeichnet werden.[13]

Diese deutlichen Worte hätte man sich früher gewünscht, denn das Phänomen ist nicht neu. In den letzten Jahren wurden insbesondere Kritiker der Corona-Maßnahmen mit diversen diffamierenden Bezeichnungen belegt. »Aluhut-Träger«, »Corona-Leugner«, »Schwurbler«, »Querdenker«, »Covidiot« und »Verschwörungstheoretiker«, um nur einige Begriffe zu nennen, haben sich im normalen Sprachgebrauch eingebürgert und verschwinden nur zögerlich wieder.

Sprache schafft Wirklichkeit

Herabwürdigende Sprache hat weitreichende Konsequenzen. Sie trägt dazu bei, bestehende Vorurteile zu verstärken oder neue Vorurteile zu schaffen. Wenn bestimmte Gruppen permanent sprachlich diffamiert werden, ist die Konsequenz, dass sie insgesamt stigmatisiert und diskriminiert werden. Dies kann sich in Form von Arbeitsplatzdiskriminierung, Einschränkungen bei der Wohnungssuche oder anderen Formen der Ausgrenzung manifestieren.

Aber auch die Meinungsfreiheit wird dadurch eingeschränkt: Wenn Menschen sich aufgrund von diffamierender Sprache bedroht oder eingeschüchtert fühlen, trauen sie sich oft nicht mehr, ihre Meinungen und Ansichten auszudrücken. Dies kann verhindern, dass wichtige Diskussionen und Debatten stattfinden. Fehlender gesellschaftlicher Diskurs führt regelmäßig zu einseitigen und nachteiligen politischen Entscheidungen.

Schlechte Vorbilder

Besonders bedenklich ist es, wenn diffamierende Sprache von Personen genutzt wird, die eine höhere gesellschaftliche Position einnehmen oder von der Gesellschaft als einflussreich angesehen werden. Damit

---

13 Kittner D., *»Entmenschlichung« von Klima-Aktivistinnen: Expertin warnt vor Gewalt.* Kurier, 2023. online: https://tinyurl.com/yckdnsvb

wird Diskriminierung legitimiert und kann in weiterer Folge zu verbalen Übergriffen oder physischer Gewalt führen.

Die Medien haben hier eine große Verantwortung. Ausgrenzende Sprache darf nicht unwidersprochen wiedergegeben werden. In der Regel funktionierte das auch recht gut. So gab es berechtigterweise eine heftige Reaktion auf die Aussage von Herbert Kickl, Asylwerberinnen und Asylwerber »konzentriert« in Großquartieren unterbringen zu wollen.[14] Auch Waldhäusls Sager, wonach sinngemäß Wien nicht mehr Wien wäre (aufgrund der Zuwanderung),[15] wurde medial heftig kritisiert. Doch als ein Viertel der Bevölkerung aufgrund ihrer Maßnahmen-Kritik in unzumutbarer Weise diffamiert wurde, blieb der Widerspruch fast gänzlich aus.

Zweierlei Maß

Es bleibt die Frage, warum hier mit zweierlei Maß gemessen wird. Jede Form von Hetze ist zu verurteilen, sei es gegen Personen mit Migrationshintergrund, Klimaaktivistinnen und Klimaaktivisten, Maßnahmenkritikerinnen und Maßnahmenkritiker oder sonstige Andersdenkende. Egal von welcher Seite. Alle sind Menschen, gleich an Würde und Rechten geboren und haben Respekt verdient – und das muss sich auch in der Sprache widerspiegeln.

19. Aus Fehlern lernen – (k)ein Herzensanliegen der Regierung

Presseaussendung vom 18. 4. 2023

Die österreichische Regierung plant eine Aufarbeitung der Corona-Maßnahmen, doch an der Ernsthaftigkeit des Vorhabens bestehen berechtigte Zweifel. Die Österreichische Akademie der Wissenschaften soll

---

14   Red., »*Bewusst oder unbedacht*«. Österreichischer Rundfunk, 2018. online: https://tinyurl.com/ya3jm2uf
15   Red., *Waldhäusl-Sager: Nach Haimbuchner und Svazek jetzt auch Abwerzger auf Distanz.* Kurier, 2023. online: https://tinyurl.com/4y9 × 3f9r

eine zentrale Rolle bei der Aufarbeitung spielen, jedoch gibt es Bedenken bezüglich ihrer Unabhängigkeit. Zudem bringt die Regierung ein neues Epidemie-Gesetz auf den Weg – ohne eine Evaluierung abzuwarten. Die GGI fordert, kritische und unabhängige Wissenschafterinnen und Wissenschafter in den Prozess miteinzubeziehen, und wird nun die Ereignisse seit 2020 chronologisch aufarbeiten, sowie die Frage stellen: »War das alles wirklich so?«

Bundeskanzler Nehammer hat Mitte Februar – nach dem Schock der NÖ Landtagswahlen (die Volkspartei hat 10 Prozentpunkte verloren) – einen Versöhnungsprozess angekündigt, um der gesellschaftlichen Spaltung entgegenzuwirken. Doch ein paar Wochen später sind die Prioritäten wohl neu gesetzt. Der Beginn der Aufarbeitung wird voraussichtlich auf Ende April verschoben, es seien noch Details zu klären. Zudem halten manche Vertreterinnen und Vertreter der Politik wie auch Corona-Experten eine solche Aufarbeitung für rückwärtsgewandt und daher unnötig.[16]

Unabhängige Wissenschaft

Die Österreichische Akademie der Wissenschaften (ÖAW) soll eine zentrale Rolle bei der Aufarbeitung spielen.[17] Einige Mitglieder der ÖAW haben sich für die Maßnahmen ausgesprochen bzw. waren Mitglied in Corona-Gremien. Zudem war der nunmehrige Präsident der größtenteils staatlich finanzierten ÖAW, Heinz Faßmann, bis Ende 2021 Wissenschaftsminister, also Mitglied der Regierung, deren Maßnahmen die Akademie nun überprüfen soll. Es bestehen daher erhebliche Zweifel an der Unabhängigkeit der ÖAW und ob ihre Mitglieder gewillt sind, Grundannahmen überhaupt zu hinterfragen. Eine oberflächliche Evaluierung bringt jedoch keinen relevanten Erkenntnisgewinn und schadet wohl mehr als sie nutzt. Die GGI wiederholt erneut die Forderung, kritische und unabhängige Wissenschafterinnen und Wissenschafter federführend in den Prozess einzubinden.

---

16   Votzi J., *Regierung im Pausen-Modus*. Trend, 2023. online: https://tinyurl.com/9b7sdnzk
17   Ebd.

Neue Gesetze ohne Lehren aus der Vergangenheit

Ein neues Epidemie-Gesetz wird auf den Weg gebracht. Dabei soll das bisherige Covid-19-Maßnahmengesetz in verallgemeinerter Form in das bestehende Recht übernommen werden – ohne eine Evaluierung abzuwarten. Ein entscheidender Grundsatz der Wissenschaft wird dabei missachtet: Zuerst die Datenerhebung, dann die Ableitung. In der jetzigen Gesetzesvorlage fallen die vagen Begriffsbestimmungen auf. Diverse Maßnahmen, etwa Personenerkennung und -überwachung, können vom amtierenden Minister angeordnet werden. Als Motiv genügt bereits der Wunsch nach Erhebung von nicht meldepflichtigen, übertragbaren respiratorischen Krankheiten. Wieder sollen willkürlich bestimmbare Expertinnen und Experten die Umsetzung planen und koordinieren. Auch die unzuverlässigen bzw. unwirksamen molekularbiologischen Tests und Impfungen sollen fortgesetzt und speziell vergütet werden.[18] Der Gesetzesentwurf ist grundrechtlich sehr bedenklich und lädt dazu ein, die Fehler der Vergangenheit zu wiederholen.

Überprüfung Schritt für Schritt

Wann und ob überhaupt eine offizielle Aufarbeitungskommission startet ist unklar. Ob diese unabhängig arbeiten kann, wird sich zeigen. Die GGI (Grüner Verein für Grundrechte und Informationsfreiheit[19]) widmet sich daher ab sofort der chronologischen Betrachtung der Ereignisse seit 2020 und stellt die Frage »War das alles wirklich so?«. Hintergründe werden beleuchtet, Widersprüche in der Argumentation benannt und Fehlentscheidungen aufgezeigt – Schritt für Schritt. Anlassbezogen werden Aussendungen mit Bezug auf aktuelle Geschehnisse eingeschoben.

---

18   Anonym, *COVID-19-Impffinanzierungsgesetz, Übergangsbestimmungen für das COVID-19-Maß-nahmengesetz; COVID-19-Überführungsgesetz (261/ME)*. Republik Österreich Parlamentsdirektion, 2023. online: https://tinyurl.com/2wnfkp3n
19   Anonym, *Wofür wir stehen*. Grüner Verein für Grundrechte und Informationsfreiheit, 2023. online: https://tinyurl.com/mr2snpcy

20. Der Mythos vom Schutz der vulnerablen Gruppen

Presseaussendung vom 20. 4. 2023

Der Personalmangel in den Pflegeberufen in Österreich hat zu einer vernachlässigten Pflegequalität in Altenheimen geführt. Mit dem Auftreten von Covid-19 wurde plötzlich der Schutz der alten Menschen zum Ziel erklärt, um Lockdowns, wirtschaftlichen Stillstand und soziale Distanzierung zu rechtfertigen. Die Schutzmaßnahmen führten jedoch zu einer Verschlechterung des Wohlbefindens vieler Heimbewohnerinnen und Heimbewohner. Der Pflegebereich, in dem Investitionen notwendig gewesen wären, um Sicherheit, Freiheit und Selbstbestimmung für die Betroffenen zu gewährleisten, wurde von der Politik vernachlässigt.

Seit Jahren herrschte in Österreich ein Personalmangel in den Pflegeberufen. Besonders die Altenheime sind notorisch unterbesetzt. Jeder wusste es, aber die Politik hat sich bislang nicht großartig darum gekümmert. Zu verworren und zu komplex sind die Strukturen des österreichischen Gesundheitssystems und die unterschiedlichen Interessen der politischen Stakeholder mit dem Fokus auf Machterhalt.

Schutz der Vulnerablen – eine vorgeschobene Rechtfertigung?

Dann kam Covid-19 und plötzlich war alles anders. »Wir müssen die vulnerablen Gruppen schützen«, hieß es. Kinder sollten sich an die Maßnahmen halten, damit sie ihre Großeltern nicht umbringen. Alles für den Schutz der Alten – Lockdowns, Stillstand der Wirtschaft, Isolation und Abbruch der sozialen Kontakte. All das für die Menschen, deren Pflegesystem zuvor kaputtgespart und deren Einbußen an Lebenszeit und Lebensqualität billigend in Kauf genommen wurden. Hinterfragt wurde nie, ob die Vulnerablen überhaupt geschützt werden wollten, und wenn ja – wie?

Schutz oder Schutzhaft?

Die Expertise der Geriatrie wurde nicht eingeholt, genauso wenig wie die der Langzeitpflege und die Betroffenen wurden ohnehin nicht gefragt. Der von oben verordnete Umgang mit alten Menschen im Pflegeheim erinnerte an eine zwangsweise Schutzhaft. Oft wurden sie alleine in ihren Zimmern isoliert. Es gab weitreichende Besuchsverbote oder -beschränkungen, über Wochen und Monate. »Angehörigen wurde der Zutritt zu Ihren Eltern verwehrt, Leute sind mutterseelenallein verstorben. Regelmäßige Besuche sind wichtig, Reizarmut beschleunigt Demenz und auch körperlichen Verfall. Da haben sich Tragödien abgespielt«, schildert eine Altenpflegerin die Zustände.

Für manche mag der Schutz des eigenen Lebens die höchste Priorität gehabt haben, andere jedoch legten mehr Wert auf den Kontakt zu ihren Liebsten, für die noch verbleibende Zeit. Das Selbstbestimmungsrecht – ein Grundsatz in jeder (medizinischen) Betreuung – wurde vollkommen ignoriert. Die Grund- und Freiheitsrechte de facto ausgehebelt. Ein Rückschritt, der die jahrelange Bewusstseinsbildung hinsichtlich der Menschenrechte in diesem Bereich mit einem Schlag zunichtemachte.

Die Schuld liegt nicht beim Pflegepersonal

Das Pflegepersonal und auch die Altenheime wurden heillos überlastet. Im steten Bemühen, die zu Pflegenden zu schützen, kam die Freiheit und Selbstbestimmung zu kurz. Doch wie hätte die auch noch gewährleistet werden sollen, mit derart knappen Ressourcen? Das Problem ist bekannt – die Pflegequalität leidet aufgrund des unzureichenden Personalschlüssels. Oft sehen sich die Pflegenden genötigt, eigentlich unnötige Medikation zu verabreichen, um die Menschen »ruhigzustellen«, weil die Arbeitslast sonst unmöglich zu bewältigen wäre. Die zusätzlichen Schutzmaßnahmen konnten nur zu Lasten der Freiheit und des Wohlbefindens der Heimbewohnerinnen und -bewohner gehen.

Wo bleiben die Milliarden für den Pflegesektor?

Es ist geradezu zynisch, den »Schutz der Vulnerablen« als Rechtfertigung für die einschneidenden Maßnahmen und die Milliardeninvestitionen in die Wirtschaft zu missbrauchen. Die Angstpolitik der Regierung verlagerte den Druck auf das Pflegepersonal. Keiner wollte für Covid-Todesfälle verantwortlich sein – doch von der Politik wurden sie im Stich gelassen. Im Pflegebereich, wo die Investitionen dringend notwendig gewesen wären, um sowohl Sicherheit, Freiheit und Selbstbestimmung für die Betroffenen zu gewährleisten, blieben sie aus. Rund 47 Milliarden Euro wurden vom Bund zur Bewältigung der Krise investiert – nur eben nicht ins Pflegesystem.

Weiterführende Quellen und Literatur:
Online-Ausgabe Hessisches Ärzteblatt 5/2023, Covid-19-Pandemie – wirkliche Aufarbeitung tut not: https://tinyurl.com/cb2cp3vh

21. Pandemie – Ein Begriff, der für Verwirrung sorgt

Presseaussendung vom 25. 4. 2023

Die unklare Definition von »Pandemie« und eigene Begriffsdefinitionen in Pandemie-Plänen haben zu Verwirrungen geführt und sich in der COVID-19-Krise negativ ausgewirkt, insbesondere durch die Rolle der WHO. Eine klare, allgemein gültige Definition mit messbaren Kriterien wird gefordert, um zukünftig Willkür auszuschließen.

Der Begriff »Pandemie« ist seit 2020 wohl tief im allgemeinen Wortschatz verankert. Doch woher stammt der Begriff, was bedeutet er und wer legt die Bedeutung fest? Das alles ist längst nicht so eindeutig, wie man es angesichts der bis dato größten Krise des 21. Jahrhunderts vermuten würde.

Die Bestandteile des Worts stammen aus der griechischen Sprache. »Pan« bedeutet alles, »Demos« heißt Volk. Also etwas Unbestimmtes, das jedes Volk betrifft. Eine einfache Definition im Dictionary of Epidemiology lautet »eine Epidemie, die weltweit oder über weite Gebiete passiert, dabei internationale Grenzen überschreitet und üblicherweise eine große Zahl Menschen betrifft«.[20]

Pandemie als Begriff aus Sicht der WHO

Neben der generellen Verantwortlichkeit von nationalen Gesundheitsbehörden ist die Weltgesundheitsorganisation (WHO) unter anderem dafür zuständig, gesundheitlich bedrohliche Situationen zu erkennen, die man als Pandemie bezeichnen könnte und Empfehlungen dazu an ihre Mitgliedsstaaten auszusprechen.

Die WHO selbst hatte aber zu keiner Zeit eine allgemeine Pandemie-Definition zur Verfügung. Vorhandene Richtlinien und Vorbereitungspläne haben sich stets konkret auf Influenza-Pandemien bezogen. Und auch diese sind mehrmals fragwürdigen Änderungen unterzogen worden. Der »Influenza pandemic plan« von 1999[21] legte als Grundlage für die Ausrufung einer Pandemie noch »schwerwiegende Krankheitslast oder Sterblichkeit in zumindest einem Segment der Bevölkerung« fest. Dessen Neufassungen von 2005[22] und 2009[23] verwenden zwar die Begriffe Krankheitslast und Sterblichkeit weiter, allerdings nicht mehr als Grundlage für die Ausrufung. Zudem enthalten besagte Pläne keine oder bestenfalls unklare Abgrenzungen des Pandemie-Begriffs.[24]

Diesem spezifischen aber gleichwohl unbestimmten Pandemie-Begriff gegenüber steht die sogenannte »Gesundheitliche Notlage internationaler Tragweite« (Public Health Emergency of International Concern, PHEIC). PHEIC ist in den Internationalen Gesundheitsvorschriften

20 Last J. M., *A dictionary of epidemiology* (Aufl 4). Oxford University Press, 2001. https://tinyurl.com/ yc3zawpw

21 Anonym, *Influenza pandemic plan: the role of WHO and guidelines for national and regional planning*. World Health Organization, 1999. online: https://tinyurl.com/2j2wjppm

22 Anonym, *WHO global influenza preparedness plan*. World Health Organization, 2005. online: https://tinyurl.com/596jjaa7

23 Anonym, *Pandemic influenza preparedness and response*. World Health Organization, 2009. online: https://tinyurl.com/utb3epbk

24 Doshi P., *The elusive definition of pandemic influenza*. Bulletin of the World Health Organization Org 89, pp 532–538, 2011. online DOI: https://doi.org/10.2471%2FBLT.11.086173

(International Health Regulations, IHR) festgelegt und meint »ein außergewöhnliches Ereignis, welches ein Risiko für das Gesundheitswesen anderer Staaten mittels internationaler Verbreitung einer Krankheit darstellt und womöglich eine koordinierte internationale Antwort erforderlich macht«. Als weitere Eigenschaften werden »schwerwiegend, plötzlich, unüblich oder unerwartet« sowie das »Erfordernis einer unmittelbaren internationalen Reaktion« genannt.[25] Die Ausrufung der PHEIC liegt im Verantwortungsbereich des Generaldirektors der WHO. Die unklare Definition bietet einen weiten Spielraum ohne klare und messbare Kriterien. Dies birgt eine erhebliche Gefahr für Willkür und Missbrauch.

Pandemische Sprachverwirrung durch SARS-CoV-2?

Das Auftauchen von SARS-CoV-2 bzw. die Festlegung von Covid-19 als neuartige Krankheit hat die WHO begriffsmäßig jedenfalls ins Trudeln gebracht. Zunächst hat man am 30. 01. 2020 eine PHEIC ausgerufen.[26] Am 24. 02. 2020 hat man seitens der WHO sogar noch bekräftigt, dass der Begriff Pandemie inkl. der Phasen aus den o. g. Influenza-Pandemieplänen nicht mehr verwendet wird.[27] Jedoch am 11. 03. 2020 hat WHO-Generaldirektor Tedros Adhanom Ghebreyesus dann doch überraschend eine Pandemie verkündet.[28] Ob die WHO dieses Wort nun doch im offiziellen Begriffsschatz hat, oder ob »Pandemie« bei unterschiedlichen Erregern unterschiedliche Bedeutung hat, ist unklar geblieben. Der Status PHEIC ist jedenfalls derzeit noch aufrecht.[29]

25 Anonym, *International Health Regulations 2005* (Aufl 3). World Health Organization, 2016. online: https://tinyurl.com/bddsaxas

26 Anonym, *Statement on the second meeting of the International Health Regulations (2005) Emergency Committee regarding the outbreak of novel coronavirus (2019-nCoV)*. World Health Organization, 2020. online: https://tinyurl.com/3urhrrry

27 Nebehay S., *WHO says it no longer uses ›pandemic‹ category, but virus still emergency*. Thomson Reuters, 2020. online: https://tinyurl.com/29mytwam

28 Anonym, *WHO Director-General's opening remarks at the media briefing on COVID-19–11 March 2020*. World Health Organization, 2020. online: https://tinyurl.com/bdda3u9u

29 Anonym, *Statement on the fourteenth meeting of the International Health Regulations (2005) Emergency Committee regarding the coronavirus disease (COVID-19) pandemic*. World Health Organization, 2023. online: https://tinyurl.com/h4fe87ht

Klare, objektive und messbare Kriterien gefordert

Was also ist eine Pandemie nun genau? Leider wissen wir das mehr als drei Jahre nach Ausrufung der Covid-Pandemie immer noch nicht. Daher fordern wir – so der Begriff künftig in Gebrauch bleibt – eine Definition mit klaren und messbaren Kriterien. Eine akute Gefährdung für hohe Sterblichkeit oder schwerwiegende Krankheitsverläufe müssen die entscheidenden Vorbedingungen für die Ausrufung eines Gesundheitsnotstands sein.

22. Die WHO – eine Historie von gravierenden Pandemie-Fehleinschätzungen

Presseaussendung vom 27. 4. 2023

Die renommierte internationale Weltgesundheitsorganisation WHO, so dachten wohl die meisten von uns, bis Corona kam. Spätestens seit der Corona-Pandemie – und das zurecht – hat sich die Sichtweise auf diese organisatorisch, finanziell und rechtlich unabhängige Sonderorganisation der UNO massiv geändert. Ihr Sitz ist in Genf, Schweiz, und sie zählt heute 194 Mitgliedstaaten. Der derzeitige Generaldirektor ist der Äthiopier Tedros Adhanom Ghebreyesus, ein studierter Biologe und Immunologe.

Die hehre Idee zur WHO-Gründung entstand direkt nach dem Krieg 1945 und erfolgte schließlich 1948. Die WHO-Verfassung legte als Ziel die »Verwirklichung des bestmöglichen Gesundheitsniveaus bei allen Menschen« fest; beispielsweise durch hochwertige medizinische Versorgung, saubereres Trinkwasser, Medikamente oder Impfungen. Zu den Hauptaufgaben zählen auch konkret die Bekämpfung von Erkrankungen mit besonderem Schwerpunkt auf Infektionskrankheiten sowie die Förderung der allgemeinen Gesundheit der Menschen weltweit. Sie proklamierte seit Anbeginn auch das Recht auf Gesundheit als Grundrecht des Menschen.

Mehr denn je lohnt sich jedoch ein kritischer Blick auf diese Gesundheitsorganisation, ihren Generaldirektor Tedros Adhanom Ghebreyesus und im Besonderen auf ihr Pandemie-Management. In den letzten 20 Jahren rief die WHO fünf Pandemien aus. Bei zumindest vier dieser Pandemien häuften sich gravierende Fehleinschätzungen durch die WHO. Zusätzlich kam es durch die empfohlenen Impfstoffe bzw. Medikamente bei allen (!) Pandemien nachweislich zu schweren Nebenwirkungen und Toten.

Chronologie des Scheiterns

- 2003 SARS-CoV-1: Ausbreitung von China aus, die Sterblichkeit dieser Pandemie wurde mit mehr als 9 Prozent viel zu hoch angenommen. Weitreichende Maßnahmen wie Reisewarnungen, Zwangsquarantänen und die Desinfektion ganzer Stadtteile wurden gesetzt. Tatsächlich erkrankten 8.000 Menschen und 258 Menschen starben weltweit. Als Vergleich: Österreich hat jährlich durchschnittlich knapp 370 Verkehrstote.
- 2006 Vogelgrippe: Regierungen lagerten massenhaft Masken ein und kauften enorme Mengen an Tamiflu® der Schweizer Pharmafirma Roche. Weltweit betrugen die Ausgaben der Regierungen für diese Medikament 8 Milliarden Dollar! Dieses Mittel war jedoch wirkungslos und die Krankheit verlief ohnehin mild. Hinzukommt, dass sich Roche im Nachhinein weigerte, Daten und Studien herauszugeben.[30]
- 2009 WHO Großalarm Schweinegrippe: durch die Pandemieeinstufung der WHO konnten Forschung, Produktion und Zulassung von Impfstoffen stark beschleunigt werden. Rasch war der Impfstoff Pandemrix® von GlaxoSmithKline verfügbar und wurde millionenfach verimpft. Auch andere Anbieter brachten Impfstoffe auf den Markt. Regierungen kauften in großem Stil ein, ein Milliardengeschäft für die Pharmafirmen. Pandemrix® führte vor allem bei Kindern und jungen Erwachsenen zur schweren Nebenwirkung der Narkolepsie,

---

30 Meyer R., *Tamiflu: Eine unendliche Geschichte um Datentransparenz.* Bundesärztekammer und Kassenärztliche Bundesvereinigung, 2013. online: https://tinyurl.com/22jsx3yr

einer unheilbaren und schweren Autoimmunkrankheit. Erneut also eine massive Fehleinschätzung der WHO, denn die Todesfallrate für die Schweinegrippe war gering und die Schwere der Erkrankung entsprach einer normalen Influenza.

- 2019 SARS-CoV-2 hatte wie schon SARS-CoV-1 den Ursprung in China. Die Ausrufung eines Internationalen Gesundheitsnotstands (public health emergency of international concern, PHEIC) erfolgte am 30. Januar 2020 durch WHO-Generaldirektor Tedros Adhanom Ghebreyesus. Die negativen Auswirkungen der WHO Empfehlungen an globalen medizinischen und nicht-medizinischen Gegenmaßnahmen gipfelten in nie dagewesener Form in der jüngsten Corona-Pandemie.

Nur die Pandemie-Ausrufung und das Setzen der COVID-19 mRNA-Impfstoffe auf eine sogenannte »globale Notfall-Listung« (Emergency Use Listing Procedure, EULP) durch die WHO ermöglichten es, dass komplett neuartige und wenig erforschte mRNA-Impfstoffe mit qualitativ schlampigen klinischen Studien, zumindest teilweise gefälschten Daten wie in den Pfizer Studien[31] und trotz einer Vielzahl an fehlenden Studienergebnissen, inkl. fehlender Tierversuche, zugelassen und global an Menschen verabreicht werden konnten. Die COVID-19 mRNA-Impfstoffe sind gentherapeutische Stoffe, ihre Anwendung ist Gentherapie. Den Pharmafirmen, allen voran Pfizer, BioNTech, AstraZeneca, Moderna und Johnson & Johnson konnte es recht sein, belaufen sich ihre Umsätze für diese Stoffe doch auf zig-Milliarden Dollar.

Die Stoffe führten weltweit zu vielen hunderttausenden behördlich gemeldeten körperlichen und psychischen Nebenwirkungen, mit einer nie dagewesenen Zahl an schweren Nebenwirkungen, und nachweislich vielen Impftoten! Darüber hinaus kam es zu massiven Grundrechtseinschränkungen durch die Vielzahl an nicht-medizinischen Maßnahmen wie Maskenpflichten, sozialen Isolierungen, Reisebeschränkungen und Digitaler Pass, Zwangsquarantänen, Schulschließungen, Lockdowns, und

---

31   Thacker P., *Covid-19: Researcher blows the whistle on data integrity issues in Pfizer's vaccine trial.* BMJ 375, n2635, 2021. online DOI: https://doi.org/10.1136/bmj.n2635

vielem mehr. Die durchschnittliche Infektionssterblichkeitsrate lag mit ca. 0,15 % erneut im Bereich der saisonalen Influenza!

Was tat die WHO?

Sie verharmloste und dementierte Nebenwirkungen, schwere Nebenwirkungen und Tote, legitimierte Grundrechtseinschränkungen und bewarb die COVID-19-Impfstoffe durch zahlreiche weltweite Kampagnen. Sie war (und ist) über ein Netzwerk an Private-Public-Partnerships (PPPs) wie der globalen Impfallianz GAVI und der COVID-19 Vaccines Global Access (COVAX) maßgeblich an der globalen Verteilung der COVID-19-Impfstoffe beteiligt. Darüber hinaus kontrollierte die WHO-Informationen durch ihr sogenanntes Infodemic Management und ließ unliebsame Informationen löschen. Wo blieben Informationsfreiheit und die Freiheit der Wissenschaft?

Sind dies alles Aufgaben einer internationalen Gesundheitsbehörde und diente ihr Tun wirklich der proklamierten globalen Sicherheit und ihren hehren Zielen, inkl. der Förderung der allgemeinen Gesundheit der Menschen? Längst hat sich die gesundheitliche Lage weltweit mehr als normalisiert,[32] der von der WHO ausgerufene globale Gesundheitsnotstand ist jedoch immer noch aufrecht!

Und was tat die österreichische Regierung?

Die österreichische Regierung, gestützt auf GECKO, das Nationale Impfgremium und selbst gewählte Experten setzte die WHO empfohlenen nicht-medizinischen und medizinischen Maßnahmen eins zu eins um, wie vollkommen überzogene G-Regeln, mehrere Lockdowns (bis hin zu monatelangen Lockdowns nur für ungeimpfte Menschen), 39 Wochen Schulschließungen (im Vergleich 6 Wochen in der Schweiz), eine gesetzliche COVID-19 Impfpflicht unter Strafandrohung für alle in Österreich ab 18 Jahren, sogar Empfehlungen zur Impfung von Kindern ab 5 Jahren,

---

32 Siekmann M., *Corona-Zahlen: Aktuelle Statistik zu COVID-19*, 2023. online: https://tinyurl.com/3u6bpjbj

obwohl Kinder und Jugendliche zu keinem Zeitpunkt COVID-19 Pandemie-treibend waren. Weiters, Halb- und Nichtinformationen, Diffamierungen von Menschen, Jobverlust, enormen psychischen Druck, unethische Werbung mit Kindern und zig-Milliarden Ausgaben. Ja sogar eine Impflotterie, an Peinlichkeit kaum zu überbieten!

Jahrelange wöchentliche Demonstrationen in österreichischen Städten und Dörfern, Informationen und Berichte von kritischen Medizinern und Wissenschaftern, eine Vielzahl an Warnungen von Experten weltweit und man hätte das alles nicht gewusst? Es waren die selbstgewählten Expertinnen und Experten? Nun lapidare Aussagen von Regierungsmitgliedern und politisch Verantwortlichen »man hätte Maßnahmen unterschätzt und im Nachhinein wäre man immer klüger«? So billig wird es nicht gehen.

Über der gesellschaftlichen Zerrüttung in Österreich, ja Spaltung, liegt nach wie vor der Mantel des Schweigens. Mehr als Zeit, ihn zu lüften!

23. Der PCR-Test – Goldstandard der Verwirrung

Presseaussendung vom 2. 5. 2023

Der Begriff PCR-Test ist im allgemeinen Wortschatz angekommen. Er wurde zum Goldstandard für den Nachweis der Infektion bzw. die Übertragung von SARS-CoV-2 erklärt. Ein positives Ergebnis hatte Quarantäne und Absonderung zur Folge. Für diesen Einsatzzweck waren die Tests aber nie gedacht, da sie nicht in der Lage sind, Erbsubstanz von vermehrungsfähigen Erregern zu unterscheiden. Darüber hinaus besteht eine unangemessen hohe Wahrscheinlichkeit für falsch-positive Ergebnisse. Wir fordern die Prüfung von Haftungsansprüchen gegenüber Test-Unternehmen und Politikerinnen und Politikern. PCR-Tests müssen künftig in differentialdiagnostische Verfahren eingebettet werden. Massentestungen von gesunden, symptomlosen Personen dürfen nicht mehr stattfinden.

Kein sicherer Infektionsnachweis

Kaum ein Begriff aus der Molekularbiologie hat sich dermaßen ins kollektive Gedächtnis eingebrannt wie die Abkürzung PCR: polymerase chain reaction, zu Deutsch: Polymerasekettenreaktion. Nahezu alle Menschen hatten ab 2020 mit dem PCR-Test zu tun, Kritik an der Angemessenheit der Massenanwendung war selten zu hören bzw. wurde unterdrückt.

Der CT-Wert (kurz für cycle threshold bzw. Zyklusgrenzwert) gibt an, wie viele Vervielfältigungszyklen notwendig sind, damit ein Detektor im Fall einer quantitativen PCR ein Signal gibt. Je niedriger dieser liegt, desto weniger Vervielfachungen waren bis zum ersten Signal nötig, desto mehr Erbsubstanz (DNA oder RNA) war von Anfang an da.

Die Vorgabe, auch symptomlose Menschen PCR zu testen und daraufhin gegebenenfalls zu isolieren, hatte kaum Einfluss auf die Ausbreitung von SARS-CoV-2. Denn ein positives Testergebnis allein liefert keinen zweifelsfreien Nachweis einer Infektion und gibt auch keinen Aufschluss darüber, ob jemand tatsächlich infektiös ist.[33]

Nachweis mit Viruskultur

Die Anwesenheit von Erbsubstanz ist kein Nachweis für einen vermehrungsfähigen Erreger, es kann sich nämlich auch um bereits »abgetötete« Viruspartikel handeln. Dies hat vor längerer Zeit bereits der Biochemiker und Erfinder des PCR-Verfahrens Kary Mullis betont, der den PCR-Test 1987 patentieren ließ. Zum Nachweis eines vermehrungsfähigen Virus müsste man eine Kultur im Labor anlegen. Tatsächlich ist mittlerweile umfangreich nachgewiesen worden, dass die Kulturfähigkeit des Virus im Prinzip nur dann gegeben ist, wenn Krankheitssymptome vorhanden sind, diese vor nicht mehr als zehn Tagen begonnen

---

33 Jefferson T. et al., *Viral cultures for COVID-19 infectious potential assessment – a systematic review.* Clin Infect Dis 3, ciaa1764, 2023. online DOI: https://doi.org/10.1093/cid/ciaa1764

haben und ein entsprechend niedriger CT-Wert vorhanden ist. Der niedrige CT-Wert an sich ist also nur ein Faktor von mehreren.[34]

Die PCR-Tests sind darauf ausgelegt, nur bestimmte Abschnitte der Virus-RNA zu erkennen, und nicht die gesamte Virus-RNA. So kann es nicht nur passieren, dass ein vorhandener Erreger übersehen wird, sondern auch, dass andere Erbsubstanz für den Erreger gehalten wird. Auf diese Art wird ein sog. falsch-positives Signal erzeugt. Das ist eines der Grundprobleme des sog. Corman-Drosten-Protokolls (auch genannt Charité-Protokoll), also des u. a. von Christian Drosten entwickelten Testprotokolls. Obwohl es darauf abgestellt ist, auf drei Abschnitte der Erbsubstanz zu prüfen, spricht es auch auf Erbsubstanz anderer Organismen an. Das hatte zur Folge, dass auch nicht-Covid-19-infizierte Menschen unrechtmäßig in Quarantäne geschickt wurden. Das überhastet entwickelte und freigegebene Test-Protokoll ist auch aus anderen Gründen stark kritisiert worden.[35]

Aufklärung, Haftung, Steuergeld zurück

Zusammenfassend kann man festhalten, dass der PCR-Test nicht geeignet war, die Ausbreitung von SARS-CoV-2 spezifisch und zeitaktuell zu verfolgen. Für Screening-Tests und die Testung von symptomlosen Personen ist die PCR nicht geeignet. Die Aufwendung von öffentlichen Mitteln in diesem Ausmaß war daher nie gerechtfertigt. Obwohl Österreich Spitzenreiter bei der Anzahl der Pro-Kopf-Tests ist, kamen wir nicht besser durch die Pandemie als andere.

Die GGI-Initiative (Grüner Verein für Grundrechte und Informationsfreiheit) fordert daher

- eine lückenlose Aufklärung der Entscheidungsketten, die zum aufwändigen Testregime führten,

---

34 Kämmerer U. et al., *RT-PCR Test Targeting the Conserved 5'-UTR of SARS-CoV-2 Overcomes Shortcomings of the First WHO-Recommended RT-PCR Test.* Int J vaccine theory pract res 3(1), pp 818–846, 2023. online DOI: https://doi.org/10.56098/ijvtpr.v3i1.71

35 Borger P. et al., *External peer review of the RTPCR test to detect SARS-CoV-2 reveals 10 major scientific flaws at the molecular and methodological level: consequences for false positive results.* ICSLS, 2020. online: https://tinyurl.com/s4xa2cju

- die Prüfung von Haftungsansprüchen gegenüber Unternehmen sowie politischen Entscheidungsträgerinnen und Entscheidungsträgern sowie
- dass PCR-Tests künftig nur zur infektiologischen Differentialdiagnostik eingesetzt werden; jedenfalls aber Quarantäne und Isolation aufgrund lediglich eines solchen Tests ohne zusätzliche klinische Abklärung nicht mehr verhängt werden dürfen.

24. Der Versöhnungsprozess wird zur Verhöhnung – Regierung verspielt letzte Chance

Presseaussendung vom 4. 5. 2023

Das in der Pressekonferenz vom 4. 5. 2023 vorgestellte Projekt zur Aufarbeitung der Pandemie gibt keinen Anlass zum Optimismus. Kritikerinnen und Kritiker kommen nur nach Ermessen der von der Regierung bestellten Experten zu Wort. Die Einbindung der Zivilgesellschaft scheint nur ein Lippenbekenntnis zu sein. Mit Alena Buyx darf eine höchst umstrittene Person mit Hardliner-Positionen in den Beirat. Mit dieser Farce betreibt die Regierung Wahlkampf für die kritische Opposition.

Die Aufarbeitung wird vorgestellt

Am 4. 5. 2023 um 8:40 Uhr hat schließlich jene Pressekonferenz stattgefunden, die den Prozess der Pandemie-Aufarbeitung offiziell einleitet. Die Vorstellung erfolgte durch die Bundesministerin Edtstadler, Bundesminister Rauch und Polaschek sowie Dr. Bogner von der Österreichischen Akademie der Wissenschaften (ÖAW). Wir fassen nachfolgend die Erkenntnisse zusammen.

Es handelt sich im Wesentlichen um ein sozialwissenschaftliches Projekt, dem vier Fallstudien zugrunde liegen. Diese behandeln die folgenden Aspekte:

- Was hat zur Polarisierung geführt, inwiefern hat die Zuwendung zu bestimmten Medientypen der Spaltung Vorschub geleistet?
- Wie steht es um politische Zielkonflikte, anhand der Beispiele Impfung und Homeschooling?
- Was bedeutet Politikberatung für die öffentliche Kommunikation, wie grenzen sich beratende Wissenschaft und entscheidende Politik voneinander ab?
- Erarbeitung von Empfehlungen zum Umgang mit Wissenschaftsskepsis.

Was sind die Probleme mit der geplanten Aufarbeitung:

- Geplant ist eine rein sozialwissenschaftliche Aufarbeitung. Die epidemiologischen Grundlagen und Entscheidungen – also die Wurzel allen Übels – soll nicht geprüft oder aufgearbeitet werden.
- Keine Einbindung von Kritikerinnen und Kritikern – im Gegenteil. Die Sprecherinnen und Sprecher betonen stets »die« Wissenschaft und offenbaren damit ein grundlegendes Unverständnis, was Wissenschaft bedeutet. Wissenschaft lebt von widerstreitenden Thesen, vom Hinterfragen und von Skepsis. Die größte Deklaration der Wissenschaftsgeschichte, die Great-Barrington-Erklärung,[36] wird nach wie vor ignoriert. Kritische und seriöse Wissenschafterinnen und Wissenschafter sollen maximal nach Gutdünken eingebunden werden.
- Allein die Fragestellung Nr. 4 zur Wissenschaftsskepsis lässt Wissenschafterinnen und Wissenschafter ratlos zurück. Das Wort »Wissenschaftsskepsis« ist kritisch zu hinterfragen. Dr. Katrin Skala, leitende Kinder- und Jugendpsychiaterin am Wiener AKH, führte dazu in der Sendung »Talk im Hangar« Bezug nehmend auf Sir Karl Popper aus: »Wissenschaft und Skepsis gehören für mich integral zusammen. Wenn ich als Wissenschafter nicht skeptisch bin, habe ich verloren. Ich bin eine große Vertreterin des kritischen Rationalismus,

---

36 Kulldorff M et al., *Great Barrington Declaration*. Shyfrog Media, 2020. online: https://tinyurl.com/2umautub

das heißt, ich glaube etwas zu erkennen oder zu wissen, und das gilt, bis ich es widerlegt habe. Also, der weiße Schwan gilt solange, bis es einen schwarzen Schwan gibt, und dann sollte ich auch – wenn ich einen schwarzen Schwan sehe – nicht sagen ›das ist in Wahrheit eine Ente‹, sondern vielleicht akzeptieren, dass das wirklich ein Schwan ist. Und das ist verloren gegangen. Es gab ein Meinungsmonopol, es wurden abweichende Positionen diskreditiert, es wurden die Leute üblicherweise punziert als ›Schwurbler‹ und wenn sie dann noch einmal aufgemuckt haben, waren sie ›Rechte‹ und wenn sie dann noch einmal aufgemuckt haben, waren sie ›Nazis‹ – etwas überspitzt formuliert. Aber grundsätzlich gab es ein wissenschaftliches Meinungsmonopol und das ist toxisch.«

Diese toxische Praxis soll nun anscheinend fortgeführt werden.

- Alena Buyx im Beirat – eine größere Provokation wäre wohl nicht denkbar gewesen. Die höchst umstrittene deutsche Ethikrat-Vorsitzende Alena Buyx provozierte während der Corona-Krise mit unsäglichen Aussagen. Sie gilt allgemein als »Impffanatikerin« und ist daher für eine objektive Aufarbeitung völlig ungeeignet. Diese Person zeigt einem strengen Impf- und Maßnahmenregime gegenüber keinerlei Hemmungen, wie anhand folgender Zitate verdeutlicht wird. Alle sind mittlerweile vielfach widerlegt, ein Wort des Bedauerns wurde nie ausgesprochen: »Gibt es eine moralische Pflicht, sich impfen zu lassen? Ja!«[37] »Die Impfung ist 4,3 Milliarden Mal verimpft worden weltweit. Wir wissen alles über die Sicherheit.«[38] »Weil ungeimpfte Menschen [...] sehr sehr viel mehr Gefahr bedeuten für andere.«[39] »Jede Dosis muss in einen Arm.«[40]

37 Anonym, *Gibt es eine moralische Pflicht, sich impfen zu lassen? Ja!* Spiegel, 2021. online: https://tinyurl.com/bdzbwt58
38 Anonym, *Ich habe mitgemacht – Das Archiv für Corona-Unrecht Eintrag Nr 189.* Kontrafunk, 2023. online: https://tinyurl.com/y2xnkr6z
39 Anonym, *Ich habe mitgemacht – Das Archiv für Corona-Unrecht Eintrag Nr 199.* Kontrafunk, 2023. online: https://tinyurl.com/y66bwfbz
40 Anonym, *Gibt es eine moralische Pflicht, sich impfen zu lassen? Ja!* Spiegel, 2021. online: https://tinyurl.com/bdzbwt58

Ziele vorab schon verfehlt

Das Ziel des Prozesses solle laut Minister Rauch sein, »die Gräben in der Gesellschaft zuzuschütten«.

Karoline Edtstadler betonte noch, es sei auch in der Verantwortung der Medien »eine Brücke von der Regierung zur Bevölkerung zu bauen« und »an einem Strang zu ziehen«.

Genau diese Haltung, die Medien als Sprachrohr der Regierung zu missbrauchen und kritische Fragen zu vermeiden, hat in diese katastrophale Situation geführt. Mit dieser Haltung der Regierenden, sowie dieser Kommission samt Zielsetzung und Zusammensetzung ist eine Aufarbeitung und Versöhnung völlig unmöglich.

Schlussfolgerungen und Forderungen

Wenn das die Haltung der Bundesregierung zu einer kritischen Aufarbeitung ist, wundert uns nur noch eines: Warum wurde HC Strache 2019 nicht als Leiter einer IBIZA-Aufarbeitungskommission eingesetzt? Wäre im Grunde dasselbe.

Wir, die GGI (Grüner Verein für Grundrechte und Informationsfreiheit) fordern einen sofortigen Stopp dieses Verhöhnungsprozesses und die Einleitung eines ernsthaften Versöhnungsprozesses. Kritikerinnen und Kritiker müssen zwingend federführend eingebunden werden. Steuergeldverschwendung (545.000 Euro) zum Zweck der fortgeführten Spaltung der Gesellschaft ist absolut inakzeptabel!

25. Corona-Aufarbeitung mit umstrittenen Experten

Presseaussendung vom 9.5.2023

Relativ offen ließ die Regierung die Art der Aufarbeitung der Corona-Maßnahmen in ihrer Pressekonferenz vom 04. Mai 2023. Es wird jedenfalls ein rein sozialwissenschaftliches Projekt mit vier Studien und sogenannten Fokusgruppen in den Bundesländern unter Federführung der Österreichischen Akademie der Wissenschaften (ÖAW). Die daran beteiligten, bisher bekannten nationalen wie internationalen, teils umstrittenen Expertinnen und Experten sind jedenfalls großteils erklärte Maßnahmenbefürworter. Eine objektive Beurteilung scheint daher zweifelhaft.

Was bisher geschah

In unserer Presseaussendung vom 4. 5. 2023 haben wir unsere Sicht dargelegt, warum die geplante Versöhnung zur Verhöhnung wird. Heute beleuchten wir Hintergrund und Rolle der bisher bekannten Personen. Dies scheint insbesondere relevant, weil die Österreichische Akademie der Wissenschaften (ÖAW) federführend an der auf eine halbherzige sozialwissenschaftliche Studie reduzierten Aufarbeitung beteiligt ist. Wie dieses Projekt unterteilt ist und aus welchen Expertinnen und Experten[41] der »internationale« Beirat besteht (drei aus Deutschland, einer aus der Schweiz), ist bereits bekannt.

Die Akteure im Einzelnen

Alexander Bogner vom Institut für Technikfolgenabschätzung (ITA) der ÖAW scheint so etwas wie der Projektmanager zu sein. Zwar erscheint er in der Frage, wie weit die Aussagekraft von wissenschaftlichen Erkenntnissen reicht, vergleichsweise gemäßigt. Bezüglich pharmakologischer und nicht-pharmakologischer Maßnahmen im Zuge der Pandemie ist er jedoch dem politischen Narrativ treu. Darauf deutet jedenfalls eine seiner neueren Publikationen hin.[42] In dieser stellt er u. a. die für die Pharma-Lobby beträchtlichen Profite gedankenlos als rein wissenschaftlichen Fortschritt dar. Zudem ist er sichtlich bemüht, Kritikerinnen und Kritiker der Maßnahmen und insbesondere

41   Anonym, *Wissenschaftliche Expertise im Corona-Verständigungsprozess.* Österreichische Akademie der Wissenschaften, 2023. online: https://tinyurl.com/36c62xed
42   Bogner A., *What can science do in the face of pandemics?* Culture, Practice & Europeanization 7, pp 122–135, 2022. online: https://tinyurl.com/yphm55bu

der Covid-Impfung als ungebildete Sonderlinge und Verschwörungs-theoretiker hinzustellen. Damit ist er im von der Akademie vorgege-benen Gleichschritt.[43][44] Andere Angehörige setzen dergleichen Kritik überhaupt mit Antisemitismus[45] gleich. Die Lächerlichkeit dieses Trug-schlusses ist durch die hervorragenden Autoren von TKP[46] eindrucks-voll aufgezeigt worden.

Alena Buyx ist Vorsitzende des Ethik-Rats in Deutschland. Von den im Beirat Vertretenen ist sie die wohl radikalste und bekannteste Be-fürworterin strenger Maßnahmen aller Art. Markante Aussagen haben wir in Presseaussendung Nummer 24 vom 04. 05. 2023 zitiert. Sie ist of-fensichtlich nicht neutral und für diese Rolle gänzlich ungeeignet. Ihre Bestellung wird von Kritikerinnen und Kritikern verständlicherweise als reine Provokation wahrgenommen.

Armin Grunwald ist Physiker, Philosoph und Vorstand der Deut-schen Akademie der Technikwissenschaften. Er ist ebenfalls Mitglied im deutschen Ethik-Rat. Auch er scheint nicht neutral und für eine Teil-nahme im Beirat ungeeignet. Jedenfalls hat er sich für eine Impfpflicht eingesetzt.[47] Unter anderem hat er die Impfung als das kleinere Übel bezeichnet und somit in Beiträgen vom Februar 2022 Uninformiertheit zum Stand der Erkenntnisse demonstriert.[48][49]

Eva Barlösius ist Soziologin und Mitglied der Deutschen Akademie der Technikwissenschaften. Sie zählt zu denen, die kritisiert haben, dass die Soziologie und andere Disziplinen erst zu spät in die Reaktion auf die Krise eingebunden wurden. Die negativen Folgen von Schulschließungen

43   Anonym, *ÖAW fordert mehr Tempo beim Impfen.* Österreichische Akademie der Wissenschaften, 2021. online: https://tinyurl.com/mpvmhtpf
44   Anonym, *Unbegrenzte Freiheit gibt es nicht.* Österreichische Akademie der Wissenschaften, 2021. online: https://tinyurl.com/7ah6dwzp
45   Anonym, *Wieviel Antisemitismus in der Impfgegnerbewegung steckt.* Österreichische Akademie der Wissenschaften, 2021. online: https://tinyurl.com/4786axmw
46   Sander-Faes S., Oysmüller T., *Impfgegner als »Volksverräter« – Kulturkampf statt Wissenschaft an der ÖAW.* TKP, 2023. online: https://tinyurl.com/rczmtasm
47   Anonym, *Zur Impfpflicht gegen Covid-19 für Mitarbeitende in besonderer beruflicher Verantwor-tung.* Deutscher Ethikrat, 2021. online: https://tinyurl.com/yc7bfbma
48   Makartsev A., *Position zur Impfpflicht: Wie ein Karlsruher Wissenschafter das Ringen im Deutschen Ethikrat erlebte.* Badische Neueste Nachrichten, 2022. online: https://tinyurl.com/yckx259k
49   Makartsev A., *Karlsruher Ethikrat-Mitglied Armin Grunwald: »Die Impfung ist das kleinere Übel«.* Badische Neueste Nachrichten, 2022. online: https://tinyurl.com/39wam7yd

hat sie als vorhersehbar bezeichnet. Sie hat aber andererseits die deutsche Impfkampagne auf eine Art kritisiert, die darauf schließen lässt, dass sie sich mehr Effizienz gewünscht hätte.[50][51] Auch dies verkennt die Faktenlage völlig. Ihr Wirken ist schwer einzuschätzen, es hängt wohl davon ab, welche Aspekte sie besonders untersucht.

Caspar Hirschi ist Historiker und Vorstand der Schweizerischen Akademie für Geistes- und Sozialwissenschaften. Konkrete Aussagen zu Pandemie-Maßnahmen sind uns nicht bekannt. Er ist aber bis Anfang 2021 schon als Kritiker der sog. Expertokratie aufgetreten.[52][53][54] Das hat ihm sogar so etwas wie einen Faktencheck[55] eingebracht. Er dürfte am ehesten eine kritische Rolle bei der Aufarbeitung übernehmen. Es ist zu befürchten, dass er als einzige, wirklich kritische Person als eine Art Feigenblatt herhalten soll.

Sonstiger Hintergrund der ÖAW

Darüber hinaus ist Heinz Faßmann amtierender Präsident der ÖAW.[56] Er hat unlängst deutlich gemacht, dass er Kritiker für ungebildete Volksfeinde mit Führerwunsch hält.[57] Eine realitätsfernere Einschätzung wäre wohl kaum möglich, sind die meisten Kritiker doch dem liberalen Spektrum zuzurechnen und nicht selten in der Wissenschaft beheimatet. Im Senat der ÖAW[58] sitzen u. a. Wolfgang Sobotka und Christoph

50   Barlösius E., Soziologische Wortmeldungen zur Corona-Krise. Wissenschaftszentrum Berlin für Sozialforschung, 2021. online: https://tinyurl.com/49bf36j9

51   Barlösius E., *Soziologische Wortmeldungen zur Corona-Krise.* Wissenschaftszentrum Berlin für Sozialforschung, 2021. online: https://tinyurl.com/bud4ek48 (Transkript zum oberen Podcast)

52   Anonym, *Caspar Hirschi über die »Expertokratie« in der Pandemie.* Schweizer Radio und Fernsehen, 2021. online: https://tinyurl.com/465bttcz

53   Beglinger M., Tribelhorn M., *Wir sollten mit der Fiktion einer einzigen wissenschaftlichen Wahrheit aufräumen.* Neue Zürcher Zeitung, 2020. online: https://tinyurl.com/ymsp2mh8

54   Nock Y., *Überschätzte Wissenschaft? Experten machen Politik, statt zu beraten – so geht das nicht.* Neue Zürcher Zeitung, 2021. online: https://tinyurl.com/56arccnv

55   Kumar N., *Politisierung von Expertise? In der Pandemie auf jeden Fall!* Frankfurter Allgemeine Zeitung, 2021. online: https://tinyurl.com/yfz3zvn9

56   Anonym, *Präsidium.* Österreichische Akademie der Wissenschaften, 2023. online: https://tinyurl.com/4wkkwkkk

57   Fassmann H., *Skepsis gegenüber der Wissenschaft ist »eh nicht so schlimm«?* Standard, 2023. online: https://tinyurl.com/yc6bdaty

58   Anonym, *Senat der ÖAW.* Österreichische Akademie der Wissenschaften, 2023. online: https://tinyurl.com/4rbwreff

Grabenwarter. Sie waren als Präsidenten des Nationalrats bzw. des Verfassungsgerichtshofs direkt an Gestaltung, Ausübung und Rechtfertigung von Maßnahmen beteiligt. Erwähnenswert scheint zudem, dass mit Andreas Barner ein Vertreter der Pharmalobby (Boehringer Ingelheim[59]) im Senat sitzt.

Zuletzt seien noch die »Wiener Thesen zur wissenschaftsbasierten Beratung von Politik und Gesellschaft«[60] der ÖAW erwähnt. Obwohl sehr allgemein gehalten und langatmig, erkennt man doch die Intention. Die Expertinnen und Experten attestieren sich gegenseitig Unfehlbarkeit, während Kritikerinnen und Kritiker bestimmter Ansichten oder Maßnahmen als allgemein der Wissenschaft gegenüber skeptisch oder gar feindlich hingestellt werden.

Vorprogrammiertes Scheitern

Angesichts der zum Großteil einschlägig vorgefassten Einstellungen zu Pandemie-Management, pharmakologischen wie nicht-pharmakologischen Maßnahmen sowie den Verknüpfungen mit der Politik scheint ausgeschlossen, dass das genannte »Aufarbeitungsprojekt« das gesteckte Ziel der Versöhnung erreichen kann. Vielmehr dürfte in die methodische Trickkiste gegriffen werden, um das Management als hervorragend und Kritikerinnen und Kritiker als illegitim bzw. zu Kritik nicht befähigt darzustellen. Dies würde die Gräben nur vertiefen. Dass diese Gräben keineswegs zwischen der überwältigenden Mehrheit und einem kleinen sog. Rechten Rand verlaufen, haben die bisherigen Landtagswahlen 2023 gezeigt. Wir, die GGI (Grüner Verein für Grundrechte und Informationsfreiheit) fordern daher, dieses »Aufarbeitungsprojekt« umgehend zu stoppen und eine seriöse Kommission einzusetzen. Diese Art der Aufarbeitung schadet mehr als sie nutzt, genauso wie die verfehlten Pandemiemaßnahmen.

---

59 Anonym, *Boehringer Ingelheim*. Wikimedia Foundation Inc, 2023. online: https://tinyurl.com/yckmmndy
60 Anonym, *Wiener Thesen zur wissenschaftsbasierten Beratung von Politik und Gesellschaft*. Österreichische Akademie der Wissenschaften, 2023. online: https://tinyurl.com/2y4kre37

81

26. Die Macht der Bilder –
Bergamo und die Wirklichkeit

Presseaussendung vom 11. 5. 2023

Die Bilder von Bergamo, unter anderem das Amateur-Handyfoto vom
März 2020, das einen mit Särgen beladenen Militärkonvoi zeigt, sollten zum Sinnbild für die Emotionalisierung einer zunächst medizinischen Krise werden. Betrachtet man jedoch Herkunft und Kontext des
Bildes, so verzerrt seine Botschaft die Wirklichkeit. Wir fordern, dass aus
dem Zusammenhang gerissene Bilder nicht wieder für politische Zwe-
cke missbraucht werden dürfen.

Bilder einer »Katastrophe« gehen um die Welt

Dienstag, der 17. März 2020. Fotoaufnahmen von Militärkonvois aus
der norditalienischen Stadt Bergamo, beladen mit Särgen, gehen um
die Welt. Sie sollen zum Sinnbild einer vermeintlichen Gesundheitska-
tastrophe werden. Sie zeigen, wie sehr die Macht der Bilder Politik und
Gesellschaft nachhaltig beeinflussen kann.

Tags zuvor traten in Österreich eine Reihe Schließungsmaßnahmen
in Kraft, die als Lockdown bekannt geworden sind. Wenige Tage zuvor
hat die WHO offiziell eine Pandemie ausgerufen. Politikerinnen und
Politiker und Prognostizierende führen in Erwartung eines Katastro-
phenszenarios einen Eiertanz rund um dubiose Kennzahlen auf, Bezug zur Wirklichkeit scheint keine Rolle zu spielen. Eine Bestärkung
in Form kraftvoller Bilder scheint gerade recht zu kommen. Und was
könnte stärker Gefahr ausdrücken als Stapel von Särgen und militä-
risch anmutende Aktivitäten?

Verzerrte Darstellung

Tatsächlich jedoch hält das scheinbar katastrophale Szenario einer kritischen Betrachtung nicht stand. Im Lauf der kommenden Monate
und Jahre haben sich aufmerksame Beobachter mit den vorliegenden

Informationen befasst und sind zu dem Ergebnis gekommen, dass die Bilder aus Bergamo die tatsächliche Bedrohungslage extrem überzeichnet haben.

Drei unterschiedliche Aspekte haben sich herauskristallisiert:

- Manche Bilder sind einfach gefälscht oder manipuliert worden. Beispiel dafür ist das Bild einer Aufreihung von Särgen, das Jahre zuvor gemacht wurde. Die Opfer sind ertrunkene Flüchtlinge, das Bild stammt von der Insel Lampedusa.[61]

- Der Militärkonvoi hat zwar tatsächlich im März 2020 Särge transportiert, allerdings nicht wegen allgemeiner Überforderung der Bestattungskapazitäten. Die Region Bergamo hat entschieden, Verstorbene vorsichtshalber einzuäschern anstatt in der Erde zu begraben. Erdbestattungen wurden also verboten. Feuerbestattung spielte bis dahin in Norditalien aber nur eine ganz geringe Rolle. Die wenigen Krematorien waren dann tatsächlich überfordert, das wären sie aber zu jeder normalen Zeit unter so einer politischen Entscheidung ebenso gewesen. Auch später ist die lokale Überlastung von Kapazitäten zur Einäscherung an vielen Orten der Welt Anlass gewesen, um ein Katastrophenszenario zu zeigen, das in Wahrheit nicht existierte. Der Militärkonvoi bestand zudem nur aus 13 LKWs, durch die Art des Bildausschnitts wurde aber vermittelt, er sei unendlich lang und Tag für Tag würden massenhaft Särge abtransportiert.[62]

- Das Sterbegeschehen in Norditalien war zwar für die Jahreszeit ungewöhnlich, die Größenordnung entsprach aber einer stärkeren Grippewelle. Insbesondere in Bergamo dürfte eine Rolle gespielt haben, dass das italienische Gesundheitssystem lange zuvor bereits von Einsparungen betroffen war und allgemein unter Misswirtschaft leidet. So sind bei der Behandlung falsche Prioritäten gesetzt worden, lange Wartezeiten entstanden und Selbstbehalte sind so hoch, dass sich bestimmte Bevölkerungsgruppen eine medizinische Behandlung gar nicht mehr leisten können.[63]

61 Metzdorf J., *Der Militärkonvoi aus Bergamo: Wie eine Foto-Legende entsteht.* Bayerischer Rundfunk, 2021. online: https://tinyurl.com/4tb2r7s6
62 Ebd.
63 Sprenger M., *Das Corona-Rätsel* (Aufl. 1). Seifert Verlag, Wien, 2020. ISBN 978-3-904123-34-1

Was wir fordern – kühlen Kopf bewahren, politischen Missbrauch unterlassen

Wir sehen hier nicht nur ein Versagen der Politik, sondern auch des Journalismus. Letzterer hätte den Hintergrund zur Entstehung der Bilder unverzüglich recherchieren und angemessen präsentieren müssen. Für zukünftige Krisen fordern wir einen besonnenen Umgang mit schockierenden, die Wirklichkeit verzerrenden Bildern. Uns ist klar, dass wir Menschen, die fälschen und manipulieren und Trittbrettfahrer nicht aufhalten können. Umso wichtiger ist es, solche Bilder mit zuverlässigen Daten in einen Zusammenhang zu rücken, welcher der Wirklichkeit entspricht. Keinesfalls dürfen sie für Erzeugung und Verstärkung von Panik seitens der Politik oder ihrer Experten benutzt werden.

27. Die erste Lockdown-Verordnung

Presseaussendung vom 16. 5. 2023

Die erste Lockdown-Verordnung in Österreich führte zu einer massiven Einschränkung der Grund- und Freiheitsrechte der Menschen. Was bis heute vielen nicht bewusst ist: Sie war weit weniger streng, als von der Regierung suggeriert. Es war der Beginn einer irreführenden Kommunikation der Regierung unter dem Motto »Der Zweck heiligt die Mittel«. Im Ergebnis beschädigte diese Kommunikationsstrategie jedoch das Vertrauen in die Regierung erheblich.

Am 16. März 2020 trat die erste Lockdown-Verordnung in Kraft. Es war ein historischer Tag. Nie zuvor in der 2. Republik wurden die Grund- und Freiheitsrechte der Menschen so schwerwiegend eingeschränkt. Die Verordnung wurde am 14. Juli 2020, also lange nachdem sie bereits außer Kraft getreten war, vom Verfassungsgerichtshof für gesetzeswidrig erklärt.[64]

---

64 Grabenwarter C. et al., *V 363/2020-25.* Verfassungsgerichtshof, 2020. online: https://tinyurl.com/4bbaafrw

Irreführende Kommunikation

Wenige Tage vor dem ersten Lockdown, am 13. 03. 2020, dementierte der damalige Innenminister Karl Nehammer (ÖVP) der Presse gegenüber Gerüchte, die Regierung könne eine Ausgangssperre verhängen oder alle Geschäfte in Österreich schließen.

»Es wird natürlich keine Ausgangssperren geben«, versicherte Nehammer im Ö1-Mittagsjournal und warnte vor »Fake News«.[65]

Die Verordnung, die erst am 15. März bekannt gegeben wurde, bestand lediglich aus 5 Paragraphen. Im Wesentlichen verordnete sie, dass das Betreten öffentlicher Orte verboten wäre. Fünf Ausnahmen wurden in der Verordnung festgeschrieben, wovon jedoch lediglich vier regelmäßig kommuniziert wurden: Berufliche Tätigkeiten, Betreuung und Hilfeleistung für Mitmenschen, notwendige Besorgungen des täglichen Bedarfs und Bewegung im Freien alleine oder mit Mitbewohnern.[66] Die Abwendung einer unmittelbaren Gefahr für Leib, Leben und Eigentum als fünfter Ausnahmegrund wurde in der Kommunikation regelmäßig vergessen.

Der tatsächliche Verordnungsinhalt

Die Kommunikationsstrategie der Regierung wich erheblich vom tatsächlichen Verordnungsinhalt ab. Auch heute noch glauben Menschen, es wäre ihnen untersagt gewesen, Freunde und Familie zu besuchen. Das war jedoch nicht der Fall, denn die Verordnung galt explizit nur für öffentliche Orte. Konkret lautete die Verordnung[67] bzw. der Verordnungsteil wie folgt:

§ 1. Zur Verhinderung der Verbreitung von COVID-19 ist das Betreten öffentlicher Orte verboten.

---

65 Red., Nehammer: *»Wird natürlich keine Ausgangssperren geben«*. Österreichischer Rundfunk, 2020. online: https://tinyurl.com/uzr66vr6
66 Red., *Gemeinsam gegen Virus. Infokampagne »Schau auf dich, bleib zu Hause«*. Kronenzeitung, 2020. online: https://www.krone.at/2117365
67 Anonym, *98. Verordnung des Bundesministers für Soziales, Gesundheit, Pflege und Konsumentenschutz gemäß § 2 Z 1 des COVID-19-Maßnahmengesetzes*. BGBl der Republik Österreich, 2020. online: https://tinyurl.com/yc8enjxx

§ 2. Ausgenommen vom Verbot gemäß § 1 sind Betretungen,
wenn öffentliche Orte im Freien alleine, mit Personen, die im gemeinsamen Haushalt leben, oder mit Haustieren betreten werden sollen, gegenüber anderen Personen ist dabei ein Abstand von mindestens
einem Meter einzuhalten.

Kurz gesagt: Rechtlich gesehen gab es keine echten Ausgangsbeschrän-
kungen, denn es war jederzeit erlaubt, ohne besonderen Grund ins Freie
zu gehen, auch zum Zweck des Besuchs von Freunden und Familie. Im
privaten Raum galten ohnehin keine Regeln und keine Mindestabstände.
Das wäre auch nicht ohne weiteres möglich gewesen, ist doch das Pri-
vatleben verfassungsrechtlich besonders geschützt. Suggeriert wurde
durch die Kommunikation der Regierung jedoch etwas anderes.

Zwar war die Benützung von Massenbeförderungsmitteln nur für
Betretungen im Rahmen der anderen vier Ausnahmegründe zulässig,
jedoch meinen spitzfindige Juristen, dass die Verordnung dem Wortlaut nach eben nur für das Betreten – und nicht für das Befahren – von
öffentlichen Orten gilt. Die Verwendung des eigenen oder geliehenen
PKWs oder sonstiger privater Fahrzeuge war nach dieser Rechtsmeinung
also ebenfalls jederzeit erlaubt.

Der Zweck heiligt nicht die Mittel

Man mag der Regierung in diesem Zusammenhang die gute Absicht
nicht in Abrede stellen, dass sie – obwohl rechtlich auf Basis der wenigen Daten nicht möglich – die Bevölkerung zur Isolation bewegen
wollte, um die Virusausbreitung zu verhindern. Es ist jedoch einer liberalen Demokratie unwürdig, die Menschen irreführend zu informieren,
um ein bestimmtes Verhalten zu erwirken. Transparente Kommunikation auf Augenhöhe wäre der richtige Weg gewesen, denn Unwahrheiten und Irreführungen kommen früher oder später immer ans Licht
und schädigen das Vertrauen in die Institutionen in erheblichem Maße.

28. Zensur und Unterdrückung – wie Kritikerinnen und Kritiker mit Strafprozessen mundtot gemacht werden sollen

Presseaussendung vom 23. 5. 2023

Opposition gegen das Corona-Narrativ war von Beginn an mit Zensur, Ausgrenzung und Unterdrückung konfrontiert. Vormals renommierte Persönlichkeiten sahen ihren Ruf zerstört und bisweilen ihre Freiheit bedroht. Zwei exemplarische Eskalationen sind die Gerichtsverfahren gegen Prof. Sucharit Bhakdi, dem Volksverhetzung und Antisemitismus zur Last gelegt werden, sowie Florian Machl, der sich wegen übler Nachrede verantworten muss.

Unterdrückung von Opposition wider das Corona-Narrativ

Im Zuge der Pandemie hat sich recht schnell herausgestellt, dass allein die offizielle Darstellung eines gefährlichen Virus und dessen neuartiger, schwerer Krankheit Gültigkeit haben darf. Zu dessen Eindämmung seien Maßnahmen aller Art automatisch gerechtfertigt. Davon abweichende Ansichten und Erkenntnisse wurden unterdrückt. Viele Kritikerinnen und Kritiker, die bis vor wenigen Jahren noch einen tadellosen Ruf genossen, berichten von Zensur und Anschwärzung sowohl in Sozialen Medien, als auch in ihren Fachkreisen, von Anhörungen durch ihre jeweiligen Berufskammern und vom Widerruf ihrer Publikationen.[68]

Mittlerweile weitreichend bekannt ist z. B. das Cochrane Review, welches Studien über physikalische Maßnahmen zur Verringerung der Verbreitung von Atemwegsviren untersucht und gefolgert hat, dass

---

68   Shir-Raz Y. et al., *Censorship and Suppression of Covid 19 Heterodoxy: Tactics and Counter Tactics.* Minerva, 2022. online: https://tinyurl.com/ycvwncn5

bezüglich Masken kein Nutzen nachweisbar ist.[69] Diese Arbeit hat eine editorielle Klarstellung über sich ergehen lassen müssen. Die Formulierung, dass auf Basis der untersuchten Studien der Nutzen von Masken nicht gezeigt werden konnte, wurde als missverständlich aufgefasst. Stattdessen hätte erwähnt werden sollen, dass nicht Masken selbst Gegenstand der Betrachtung gewesen wären, sondern Interventionen zur Verwendung von Masken, sowie dass die Ergebnisse keine abschließenden Schlussfolgerungen zulassen würden.[70] Hauptautor Tom Jefferson hat bereits klargestellt, dass diese Klarstellung weder nötig noch im Sinn der Autorinnen und Autoren war, stattdessen ist ihr eine mediale Hetzkampagne durch umstrittene Maskenbefürworter vorangegangen.[71] Ein weiteres Review, das unlängst das Potenzial für schädliche Auswirkungen von Masken aufgezeigt hat, ist überhaupt ohne nähere Begründung und ohne Einverständnis der Autorinnen und Autoren vom Verlag zurückgezogen worden.[72] Ein Vorgehen, dass die Freiheit der Wissenschaft erheblich gefährdet.

Harte Bandagen gegen Kritik

An Prof. Sucharit Bhakdi soll eines der äußersten Exempel dieser Tage statuiert werden. Es geht um die Anklage wegen Volksverhetzung, wobei die Gerichtsverhandlung am 23. 05. 2023 in Deutschland beginnt. Dass dieser Vorwurf äußerst fragwürdig ist, scheint wenig zu interessieren. Dem Anschein nach geht es allein darum, seinen Ruf zu zerstören. Bhakdi hat sich 2021 als prononcierter Kritiker insbesondere der neuartigen mRNA-Impfstoffe positioniert.[73]

---

69   Jefferson T. et al., *Physical interventions to interrupt or reduce the spread of respiratory viruses*. Cochrane Database Syst, 2023. online: https://tinyurl.com/mue99ef2
70   Soares-Weiser K., *Statement on ›Physical interventions to interrupt or reduce the spread of respiratory viruses‹ review*. Cochrane Library, 2023. online: https://tinyurl.com/4werk65z
71   Heneghan C., Jefferson T., *Open season on scientists*. Substack, 2023. online: https://tinyurl.com/yc3zbvfv
72   Kisielinski K. et al., *Physio-metabolic and clinical consequences of wearing face masks—Systematic review with meta-analysis and comprehensive evaluation*. Front Public Health (11), 2023. online DOI: https://doi.org/10.3389/fpubh.2023.1125150
73   Anonym, *Zeitleiste: Fall Prof. Dr. Sucharit Bhakdi*. Doctors4CovidEthics, 2023. online: https://tinyurl.com/26mdhbjf

Bei der Gelegenheit möchten wir auch auf die weniger prominente Klage gegen den *Report24*-Chefredakteur Florian Machl aufmerksam machen. Ihm wird üble Nachrede gegen Bundespräsident van der Bellen vorgeworfen, weil dieser, laut Machl, der österreichischen Neutralität nicht die angemessene Bedeutung beimessen würde. Konkret machte Machl dem Bundespräsidenten den Vorwurf, dass dieser »unsere Bundesverfassung mit Füßen getreten hätte wie kein Bundespräsident vor ihm«. Die entsprechende Gerichtsverhandlung wird am 24. 05. 2023 stattfinden.[74]

Ausblick und Unterstützung

Derartige Strafaktionen können nach hinten losgehen, die Vertreterinnen und Vertreter des Corona-Narrativs mögen vielleicht den Aufschrei der Öffentlichkeit falsch einschätzen. Sinnvollerweise soll mit friedfertigem Protest gezeigt werden, dass eine Mehrheit nicht akzeptiert, wie Kritikerinnen und Kritiker mundtot gemacht werden, um die offizielle Deutungshoheit durchzusetzen.

Wie die Verfahren ausgehen ist ungewiss. Bhakdi und Machl gehören zweifellos zu jenen Kritikern, die ihren Ruf und Komfort riskieren, um sich gegen das Narrativ aufzulehnen. Möglichkeiten zur Unterstützung sind vielfältig und reichen von Solidaritätsbekundungen in den Sozialen Medien, über Anwesenheit bei den Prozessen, bis hin zu finanzieller Unterstützung, um die Verfahrenskosten zu decken. Denn Meinungsfreiheit bedeutet, sich dafür einzusetzen, dass jeder seine Meinung sagen kann, gerade auch, wenn man diese Meinung nicht teilt.

---

74 Drescher A., *Majestätsbeleidigung? Das geht gar nicht!* TKP, 2023. online: https://tinyurl. com/2th7rrdu

29. WHO will Machtbefugnisse ausweiten – Pandemievertrag und Internationale Gesundheitsvorschriften

Presseaussendung vom 25. 5. 2023

Die geplante Reform der Internationalen Gesundheitsvorschriften (IGV) sowie ein gänzlich neuer Pandemievertrag zwischen den WHO-Mitgliedsstaaten beinhalten Risiken für die Souveränität der Mitgliedstaaten. Bei den IGV fällt die bisherige Unverbindlichkeit bei Empfehlungen weg. Die Geltung für Handel und Reisen wird auf alle Bereiche des Alltags erweitert. Menschenwürde und Grundrechte werden aus den Grundprinzipien gestrichen.

Der Pandemievertrag soll auch das Vorgehen gegen sogenannte Falschinformation vorsehen – ohne näher zu bestimmen, was darunter zu verstehen ist. Ein einheitlicher Gesundheitsansatz umfasst auch den vagen Begriff des Klimawandels. Es besteht die Gefahr einer Machtverschiebung von den Nationalstaaten hin zu einer überstaatlichen Organisation, die stark von privaten Interessen beeinflusst und demokratisch nicht legitimiert ist.

Bis zum 30. Mai 2023 fand in Genf die 76. Jahrestagung der Weltgesundheitsversammlung (engl. World Health Assembly, WHA) der Weltgesundheitsorganisation (WHO) statt. Kurz zuvor, am 5. Mai 2023, hat WHO-Generaldirektor Tedros Adhanom Ghebreyesus den globalen Gesundheitsnotstand zu COVID-19 nach über 3 Jahren aufgehoben.

Die Sitzung der WHA ist sehr maßgeblich, da einerseits Beschlüsse zur Reform der Internationalen Gesundheitsvorschriften aus 2005 (IGV 2005), und andererseits die Schaffung eines gänzlich neuen WHO-Abkommens zur Pandemievorsorge und -bekämpfung (›Pandemievertrag‹) anstehen. Finale Beschlüsse zu beidem sollen bei der WHA-Jahrestagung im Mai 2024 fallen.

Entscheidend ist, dass die IGV 2005 und der Pandemievertrag eng zusammenhängen. Als zentrale Fragen stellen sich:

- Was soll tatsächlich international für die WHO-Mitgliedsstaaten verbindlich gelten? Wie ist es zu verstehen, dass der Wortlaut »non-binding« hinsichtlich der Empfehlungen in Artikel 1 der IGV 2005 gestrichen wird?
- In welchem Verhältnis stehen die Vorschriften zur österreichischen Verfassung und der darin verankerten Europäischen Menschenrechtskonvention?

Klargestellt werden muss, dass keine Pflicht zur Umsetzung der Maßnahmen-Empfehlungen (Art 15ff IGV u. a.) der WHO bestehen darf. Dies würde eine Teilaufgabe der nationalen Souveränität bedeuten, und würde daher zwingend einer Volksabstimmung bedürfen.

1. Reform der Internationalen Gesundheitsvorschriften (IGV 2005)

Änderungsvorschläge und Beschluss durch einfache Mehrheit

Die IGV sind derzeit das Instrument zum Umgang mit grenzüberschreitenden Krankheiten. Nach Artikel 21 der WHO-Verfassung[75] können durch die IGV in fünf Bereichen rechtsverbindliche Regelungen[76] erlassen werden, es sei denn, Staaten lehnen sie ab (»right to opt out«). Ein Hauptmerkmal der WHO-Vorschriften besteht darin, dass in ihrem Fall die Beteiligung der nationalen Gesetzgeber nicht nötig ist. Bei der Abstimmung der WHA zu den Änderungen der IGV reicht eine einfache Mehrheit, und sie sind ohne weitere öffentliche oder parlamentarische Beratung und Beschlussfassung unmittelbar geltendes Recht. Die durch eine eigene Arbeitsgruppe vorgeschlagenen Änderungen zur IGV 2005[77] wurden erstmals im November 2022 veröffentlicht.

75 Anonym, *Verfassung der Weltgesundheitsorganisation*. Weltgesundheitsorganisation, 2020. online: https://tinyurl.com/2tfrktu4
76 Lizárraga P., *WHO-Initiativen: reformierte internationale Gesundheitsvorschriften und ein Pandemievertrag*. Stiftung Wissenschaft und Politik, 2022. online: https://tinyurl.com/5n7vduy8
77 Anonym, *Article-by-Article Compilation of Proposed Amendments to the International Health Regulations (2005) submitted in accordance with decision WHA75(9)*. Weltgesundheitsorganisation, 2022. online: https://tinyurl.com/zasemays

- Artikel 1 »Definitionen« mit zentralen Auswirkungen auf Artikel 15 und 16: Vorgeschlagen ist die Streichung des kleinen Passus »non binding« (nicht bindend). Dies hat unmittelbar Auswirkungen auf sowohl »zeitlich begrenzte Empfehlungen« (Article 15 Temporary recommendations) als auch die »fixen Empfehlungen« (Article 16 Standing recommendations), die der WHO-Generaldirektors im Falle eines ausgerufenen Gesundheitsnotstands für die Mitgliedsstaaten erlässt.
- Artikel 2 »Umfang und Zweck«: Die Änderung bedingt eine Ausweitung von Belangen der öffentlichen Gesundheitsfürsorge (»public health«) auf »alle Risiken mit Potential die öffentliche Gesundheitsfürsorge zu betreffen«. Die Regelungen sollen hinkünftig nicht nur für internationale Reisen und Handel gelten, sondern auch für die »Lebensgrundlagen, Menschrechte, und Zugang zu Gesundheitsprodukten, Technologien und Know-how«.
- Artikel 3 »Prinzipien«: Vorgeschlagen ist die Streichung der Worte »unter Achtung der Würde, der Menschenrechte und der Grundfreiheiten der Personen«. Stattdessen sollen die Vorschriften auf »Gleichheit« (»Equity«), »Inklusion« und »Stimmigkeit« (»Coherence«) basieren. Das Konzept der Gleichheit umfasst den gleichen Zugang zu Gesundheitseinrichtungen, zu denselben Medikamenten oder Impfstoffen sowie zu denselben Tests durch alle Mitgliedstaaten.

Diese Streichungen bzw. Erweiterungen sind höchst problematisch, da der Schutz der Menschenrechte der Gleichheit als regulierendes Prinzip untergeordnet werden würde. Eine mögliche Konsequenz daraus wäre, dass Menschen sich nicht mehr auf das Selbstbestimmungsrecht bei medizinischen Eingriffen berufen könnten.

2. Implementierung eines Pandemievertrages

Ein erster Vertragsentwurf zur »pandemic prevention, preparedness and response« (Zero Draft CA+)[78] liegt seit Anfang Februar 2023 vor, und

---

78 Anonym, *Zero draft of the WHO CA+ for the consideration of the Intergovernmental Negotiating Body at its fourth meeting.* Weltgesundheitsorganisation, 2022. online: https://tinyurl.com/8w5ayark

Änderungsvorschläge dazu wurden von verschiedenen Staaten eingebracht. Einschneidende Regelungen in dem gänzlich neuen Pandemievertrag umfassen beispielsweise die Themen Gesundheitsgerechtigkeit (»Equity«) und die gerechte Verteilung medizinischer Güter, den beabsichtigten »einheitlichen Gesundheitsansatz« (»One-Health-Ansatz«) als Ausweitung möglicher Pandemie-Gründe, sowie Regelungen zu Informationen, zur Meinungsfreiheit oder auch zur Freiheit der Wissenschaften. Der Beschluss eines Pandemievertrages erfordert eine Zweidrittelmehrheit in der Weltgesundheitsversammlung (WHA) und die Ratifizierung in den einzelnen Mitgliedsstaaten.

– Menschenrechte

Artikel 14 des Pandemievertrags trifft Regelungen zu den Menschenrechten, wobei hierzu das Prinzip der Gleichbehandlung bei der Einschränkung von Freiheitsrechten festgehalten ist. Diese Freiheitsrechte könnten jedoch zum Schutz der öffentlichen Gesundheit eingeschränkt werden, genauso wie es in der COVID-19 Krise von Regierungen und Behörden – legitimiert durch die von ihnen selbst ausgewählten Experten – gehandhabt wurde! Das Gleichbehandlungsgebot schreibt fest, dass unsachliche Diskriminierungen verboten sind, jedoch wurde vom VfGH eine rein vermutete »epidemiologische Gefahr« (ohne Nachweis einer tatsächlichen Gefahr) als sachlich gerechtfertigt angenommen. Diese Vorschrift bietet daher erfahrungsgemäß keinen Schutz vor Diskriminierung.[79] Artikel 16 sieht zudem eine Umsetzung auf allen Stufen des Staates, der Zivilgesellschaft und der Wirtschaft vor.

– Meinungsfreiheit

Artikel 17 des Pandemievertrages regelt u. a. den Umgang mit Fehl- und Falschinformationen, gerade auch in Sozialen Medien. Wer entscheidet darüber, was als Fehl- oder Falschinformationen zu gelten

---

79 Anonym, *Let's Talk About ... Pandemie der Ungeimpften*. Grüner Verein für Grundrechte und Informationsfreiheit, 2023. online: https://tinyurl.com/bdhzze43

hat? Ergibt sich das aus »der« Wissenschaft? Welche Wissenschaft gilt als evidenzbasiert? Das Recht und die Macht der WHO zur einseitigen Information und Zensur würden gestärkt werden, wodurch eine unverfälschte Meinungsbildung der Bevölkerung von vornherein ausgeschlossen wird. Drei Jahre COVID-19 Erfahrung mit gezielter Ausschaltung von Kritikern, Diffamierung von unliebsamen Experten,[80] Wissenschaftern und Bürgerinnen lassen hier die Alarmglocken klingeln. Zudem steht Art. 17 im immanenten Widerspruch zu Art. 11 der Charta der Grundrechte der EU, der besagt »Jede Person hat das Recht (...) Informationen und Ideen ohne behördliche Eingriffe (...) zu empfangen und weiterzugeben.«

– Einheitlicher Gesundheitsansatz

Unter Artikel 18 schließlich sollen sich die Vertragsparteien bei der Pandemieprävention und Wiederherstellung der Gesundheitssysteme verpflichten, einen »einheitlichen Gesundheitsansatz« (»One-Health-Ansatz«) zu fördern und umzusetzen. Auch »Krankheiten an der Schnittstelle von Mensch-Tier-Umwelt« sollen einbezogen werden, »einschließlich, aber nicht beschränkt auf den Klimawandel«. Derartig umfassende und gleichzeitig vage Formulierungen wie in Artikel 18 könnten zu gravierenden Maßnahmen und Einschränkungen für die Menschen führen, ohne dass eine tatsächliche Gefahr durch konkrete Todes- oder Krankheitszahlen belegt werden muss.

Kritik an den Änderungen der IGV 2005 und am Pandemievertrag

Die vorgeschlagenen Änderungen zu den IGV 2005 und die Implementierung eines Pandemievertrages bergen die gravierenden Risiken, dass im Falle eines durch den WHO-Generaldirektor ausgerufenen globalen Gesundheitsnotfalls die Menschenrechte, die Gewaltenteilung, und die

---

80   Anonym, *Let's Talk About ... Umgang mit Andersdenkenden*. Grüner Verein für Grundrechte und Informationsfreiheit, 2023. online: https://tinyurl.com/3sjc93z5

nationale Souveränität erheblich beeinträchtigt würden. Weiters wäre eine generelle Bedrohung der individuellen Freiheit und Gesundheit gegeben. Durch den Grünen Pass wären angeordnete Maßnahmen auch lückenlos kontrollierbar.

Jegliche Einflussnahme der Mitgliedsstaaten auf WHO-Entscheidungen wäre unterbunden. Zu viel Macht wäre beim WHO-Generaldirektor konzentriert und gleichzeitig ist kein Mechanismus zu dessen Kontrolle vorgesehen. Die WHO ist jedoch nicht demokratisch legitimiert.

Hierzu relevant und bedenklich ist auch die Finanzierung der WHO. Nur etwa 20 Prozent des WHO-Budgets werden durch fixe Beiträge der Mitgliedsstaaten finanziert, hingegen 80 Prozent durch freiwillige Zahlungen gewisser finanziell potenter Geldgeber, wie Mitgliedsstaaten (wie Deutschland, USA, England), durch Stiftungen (z. B. Gates, Rockefeller, Ford Foundation), die Pharmaindustrie, IT-Konzerne, private Geldgeber oder auch durch WHO-nahe Organisationen wie GAVI oder COVAX.

Lehren aus der Pandemie

Wir halten es für hochproblematisch, einer vorwiegend durch private Investoren finanzierten Organisation derart weitgehenden Gestaltungsspielraum einzuräumen, ohne jeglicher (rechtsstaatlicher) Kontrolle. Das Risiko, dass finanzielle Interessen von Investorinnen und Investoren über die Gesundheit der Bevölkerung gestellt werden, ist in erheblichem Maße gegeben.

Es braucht keine zentrale WHO-Macht mit bindenden Vorgaben, sondern ganz im Gegenteil eine Stärkung der Autonomie von Staaten (oder auch Regionen) im Gesundheitswesen, bei gleichzeitiger internationaler Kooperation. Ebenso braucht es eine Stärkung der Verantwortung eines jeden für die eigene Gesundheit. Hier ist auch zu beachten, dass gerade Schweden den Empfehlungen der WHO nicht Folge leistete, und damit deutlich besser durch die Krise kam als andere Staaten. Aus dieser Erfahrung sollten wir lernen und eine Kompetenzen-Verlagerung hin zur WHO jedenfalls ablehnen.

Weiterführende Quellen und Literatur:

Lizárraga P., *WHO-Initiativen: reformierte internationale Gesundheitsvorschriften und ein Pandemievertrag. Stiftung Wissenschaft und Politik, 2022. online: https://tinyurl.com/yc3r43ej*

Schenk E., *Was steckt hinter dem Pandemievertrag? Multipolar Magazin, 2023. online: https://tinyurl.com/mvh6dwv6*

Behrendt S., Müller A., *The Proposed Amendments to the International Health Regulations: An Analysis. Opinio Juris, 2023. online: https://tinyurl.com/yv9cbhh7*

30. Umstrittener WHO-Chef – Kritik und Kontroversen

Presseaussendung vom 30. 5. 2023

Was uns zu denken geben sollte ...

Über den heutigen WHO-Generaldirektor Tedros Adhanom Ghebreyesus werden Verdienste um die Verbesserung von Gesundheitssystemen und der globalen Gesundheitsversorgung berichtet. Gleichzeitig gibt es schwerwiegende Vorwürfe zu Menschenrechtsverletzungen und Völkermord in Äthiopien. Letztere wurde während der Regierungszeit der »Volksbefreiungsfront von Tigray« von Human Rights Watch und der Presse berichtet, als Tedros Adhanom Ghebreyesus Politiker und über ein Jahrzehnt Minister des Landes war. Umstritten ist auch sein CO-VID-19 Management und Verhalten gegenüber China während der CO-VID-19 Pandemie. China hingegen spielte eine entscheidende Rolle in der erstmaligen Wahl von Tedros Adhanom Ghebreyesus zum WHO-Generaldirektor im Jahr 2017.

Seit nunmehr sechs Jahren bekleidet der Äthiopier Dr. Tedros Adhanom Ghebreyesus das Amt des Generaldirektors der Weltgesundheitsorganisation (WHO). Der studierte Biologe, mit Master in Immunologie und Promotion in »Gemeinschaftsgesundheit«, ist Nachfolger der Chinesin Margaret Chan. Seine Wahl zum Chef der WHO im Jahr 2017 war ein zähes Ringen, da die 194 WHO-Mitgliedsländer sich vorab nicht auf einen Kandidaten einigen konnten. Die Entscheidung fiel erstmals in einer geheimen Kampfabstimmung im dritten Wahlgang. Als erster Afrikaner an der Spitze der WHO gilt Tedros Adhanom Ghebreyesus als Vertreter des gesamten globalen Südens, der ärmeren und wirtschaftlich aufstrebenden Länder. China, als ein wichtiges Land in diesem Block, war ausschlaggebend für seine Wahl.[81]

Vor seiner internationalen Tätigkeit war Tedros Adhanom Ghebreyesus Mitglied des Politbüros der Partei »Volksbefreiungsfront von Tigray (TPLF)«. Tedros Adhanom Ghebreyesus war in den von der TPLF-dominierten Koalitionsregierungen in Addis Abeba von 2005–2012 Gesundheitsminister und schließlich von 2012–2016 Außenminister. Seine Wahl zum WHO-Generaldirektor erstaunte, gab es doch schwerwiegende Kritik und lautstarke Proteste in Äthiopien und auch von im Ausland lebenden Exil-Äthiopiern aufgrund ihm angelasteter schwerer Menschenrechtsverstöße während der Regierungszeit der TPLF.

Gates Foundation, GAVI und Pharma

Anerkennung für Tedros Adhanom Ghebreyesus gab es für die Verbesserung des Gesundheitssystems und die Gesundheitsversorgung während seiner siebenjährigen Amtszeit als Äthiopiens Gesundheitsminister. Bekämpft wurden Krankheiten wie HIV/AIDS, Malaria und Tuberkulose, nicht zuletzt durch gezielte Impfkampagnen und die Bereitstellung von Impfstoffen. Eine bedeutende Rolle spielten dabei die Bill & Melinda Gates Foundation, die »Impfallianz« GAVI (Global Alliance for Vaccines and Immunization) sowie Pharmafirmen. Investitionen durch Gates gab es auch im Bereich Ernährung. Die maßgeblichen finanziellen Unterstützungen sind insofern bemerkenswert, als heute ein beträchtlicher Teil der WHO-Finanzierung durch Gates, GAVI und die Pharmaindustrie erfolgt.

Kritikerinnen und Kritiker berichten,[82] dass Tedros Adhanom Ghebreyesus als Gesundheitsminister mehrere Cholera-Ausbrüche zwischen

81 Janik R., *WHO: träge, zahnlos, China-freundlich?* Quo Vadis Veritas, 2020. online: https://tinyurl.com/3eyp9749
82 Wilhelm J., *»Dr. Tedros« – Wer ist der Mann an der Spitze der WHO?* Deutsche Welle, 2020. online: https://tinyurl.com/mtke5jrz

2006 und 2011 verschleiert und dadurch nötige Gegenmaßnahmen verschleppt habe, indem er in den Meldungen an die WHO nur von Durchfallerkrankungen sprach.

Berichte zu Menschenrechtsverletzungen

Zu schockierenden Berichten kam es 2015 durch die Menschenrechtsorganisation Human Rights Watch,[83] die Tedros Adhanom Ghebreyesus als Mitglied der von der TPLF dominierten Koalitionsregierung zumindest Mitverantwortung für die Vertreibung Tausender Menschen und die Ermordung Hunderter Oppositioneller vorwirft.[84] Ab 2015 gab es in den Regionen Amhara und Oromia großangelegte friedliche Proteste der Bevölkerung gegen die Expansionspläne der Koalitionsregierung zur Hauptstadt (»Addis Ababa Integrated Development Master Plan«), nicht zuletzt wegen Landrechten und befürchteter Absiedelungen. Internationale Menschenrechtsorganisationen und Zeitungen berichteten von gewaltsamer Unterdrückung von Oppositionsgruppen, Folterungen und mutwilligen Inhaftierungen; darüber hinaus von gravierenden Beschränkungen der Pressefreiheit in Äthiopien bis hin zu Vertreibungen von Journalistinnen und Journalisten. Ebenso berichtet wird über ethnische Säuberungen in der Region Konso durch die Sicherheitskräfte, staatliche Polizei, Spezialeinheiten der Regierung und das Militär.

Der US-Wirtschaftswissenschafter David Steinman beschuldigt in diesem Zusammenhang den WHO-Chef Ghebreyesus der Beihilfe zum Völkermord in Äthiopien.[85] Steinman hat Klage beim Internationalen Strafgerichtshof in Den Haag eingereicht.[86] Tedros Adhanom Ghebreyesus wird beschuldigt, maßgeblicher Entscheidungsträger neben zwei weiteren Beamten im Sicherheitsdienst gewesen zu sein, welche von 2013

83 Anonym, *Ethiopia: Lethal Force Against Protesters*. Human Rights Watch, 2015. online: https://tinyurl.com/44p7ea9c

84 Zylka-Menhorn V., *Tedros Adhanom Ghebreyesus: WHO-Generalsekretär nach Kampfabstimmung*. Bundesärztekammer und Kassenärztliche Bundesvereinigung, 2017. online: https://tinyurl.com/5ef3ekhd

85 Tedros A. J., *Adhanom: WHO chief may face genocide charges*. Times Media Limited, 2020. online: https://tinyurl.com/2566wvtp

86 Anonym, *»Bedeutender Entscheider«? Schwere Vorwürfe: WHO-Chef soll an Völkermord in Äthiopien beteiligt gewesen sein*. BurdaForward, 2021. online: https://tinyurl.com/3wr7d4fd

bis 2015 die Aktionen der äthiopischen Sicherheitskräfte geleitet hatten. Er stützt sich dabei auch auf einen US-Regierungsbericht aus dem Jahr 2016, wonach die Behörden Sicherheitsdienste und Polizei nicht unter Kontrolle hatten. Steinman, der auch als Berater des US National Security Council fungierte, war 27 Jahre (bis 2018) Berater der Demokratiebewegung in Äthiopien und wurde 2019 für den Friedensnobelpreis nominiert.

Im Zusammenhang mit dem seit 2020 tobenden Bürgerkrieg, der sich in der Region Tigray entzündete, erhob Generalstabschef Birhanu Jula im November 2020 schwere Anschuldigungen. Wie auch in der Zeitung *Die Presse* berichtet,[87] bezichtigte er Tedros Adhanom Ghebreyesus, seine Position in der UNO dazu zu benutzen, um für die Rebellen der Volksbefreiungsfront TPLF zu lobbyieren, Unterstützung zu mobilisieren und sich auch um Waffenlieferungen an die TPLF zu bemühen; handfeste Beweise dafür wurden nicht vorgelegt.

Der WHO-Chef wies jegliche Anschuldigungen immer wieder zurück, die Vorwürfe konnten jedoch bis heute nicht ausgeräumt werden.

Tedros Adhanom Ghebreyesus und das Verhältnis zu China

Kritik an Tedros Adhanom Ghebreyesus gibt es auch betreffend seines COVID-19 Managements, insbesondere dass die WHO während des Ausbruchs der COVID-19-Pandemie im Jahr 2020 nicht schnell genug reagiert hat. Gerade zu Beginn der Pandemie wurden chinesische Informationen unhinterfragt übernommen, den Aussagen Chinas vertraut und der Corona-Ausbruch verharmlost. Wochenlang wurde auch die Mensch-zu-Mensch Übertragung des SARS-CoV-2 Virus geleugnet, was zu einer Verzögerung bei der globalen Reaktion auf die Pandemie geführt hat.

Unstrittig ist, dass Tedros Adhanom Ghebreyesus während seiner politischen Amtszeit als Außenminister (2012 bis 2016) enge Kontakte zur politischen Führung in China knüpfte, und Addis Abeba bis heute ein enger strategischer Partner Pekings ist.

---

87   Red., *Schwere Anschuldigungen gegen WHO-Chef Tedros*. Presse, 2020. online: https://tinyurl.com/4ws9h9uu

Rolle der WHO

Aus der jahrelangen und folgenschweren Corona-Krise sollte gelernt werden. Bis heute versäumt ist jedoch, den Ursprung und die Beschaffenheit des SARS-CoV-2 Virus in Wuhan mit einem unabhängigen Expertenteam zu untersuchen und einen offiziellen Bericht vorzulegen. Auch die Funktions-Zugewinn-Forschungen (»Gain-of-Function«) in Labors in China und anderen Ländern werden nicht hinterfragt. Hätte die WHO mit Staatenvertretern aus nahezu allen Ländern der Welt und ihre Führung hierzu nicht eine entscheidende Rolle?

Auch Amtsträger brauchen Grenzen und Kontrolle

Dem Amt des WHO-Generaldirektors kommt eine hohe globale Verantwortung mit sehr weitreichenden Kompetenzen zu, die in der WHO-Verfassung und den Internationalen Gesundheitsvorschriften 2005 festgelegt sind. Jegliche weitere Ausweitung der Machtbefugnisse, wie sie derzeit von der WHO massiv angestrebt werden, ist entschieden abzulehnen! Denn: Gesundheit ist unser höchstes Gut. Sie hat unserer Selbstverantwortung, nationaler Souveränität und demokratischer Kontrolle zu obliegen. Für die Staatengemeinschaft wäre es mehr als geboten, die Anschuldigungen gegen Ghebreyesus betreffend schwerer Menschenrechtsverletzungen zuerst vollständig aufzuklären. Bis heute liegen keine Ergebnisse von Untersuchungen vor. Es ist besorgniserregend, wie es unter diesen Umständen im Mai 2022 zur Wiederwahl von Tedros Adhanom Ghebreyesus zum WHO-Chef für weitere fünf Jahre kommen konnte.

31. Der R-Wert – Kennzahl mit wenig Aussagekraft

Presseaussendung vom 1. 6. 2023

Der R-Wert wurde als entscheidende Kennzahl während der COVID-19-Pandemie betrachtet, aber seine Aussagekraft ist begrenzt. Die

Möglichkeit eines krankheitsauslösenden Reizes wurde nicht ausreichend berücksichtigt und dies könnte einen erheblichen Einfluss auf die Sinnhaftigkeit der Maßnahmen gehabt haben. Für zukünftige Krisen wird eine Abkehr von einseitiger Scheinexpertise und Panikmache gefordert. Eine Pandemie erfordert Kritikfähigkeit, Besonnenheit und die Einbeziehung unterschiedlicher Hypothesen und Expertinnen und Experten aus verschiedenen Bereichen.

Tunnelblick auf einen irreführenden Parameter

Seit Februar 2020 ist das geläufige Allgemeinwissen um eine Facette reicher. Diverse Begriffe aus der Epidemiologie geisterten durch die Medien. Sinnvolle Erklärungen wechselten sich mit fragwürdigen Versuchen ab, diverse Expertinnen und Experten taten ihre Sichtweise kund, die mangelnde Datenbasis wurde kritisiert und erste Modellrechnungen legten den Grundstein für die Verwerfungen der kommenden Jahre.

Eine Kennzahl wurde dabei frühzeitig in den Vordergrund gerückt, der sogenannte R-Wert, auch Replikationsfaktor genannt. Vereinfacht gesagt ist das die Anzahl der Übertragungen, von einer Person ausgehend, in einem bestimmten Zeitraum. In der »Stellungnahme zur COVID-19 Krise, 30. 3. 2019[88]« (sic) wurde dieser sogar als »die alles entscheidende Größe« einer Epidemie bezeichnet. Liege der R-Wert unter 1, würde die Epidemie exponentiell abklingen, liege er über 1, bedeute dies unweigerlich eine exponentielle Verbreitung des Virus. Weiters absehbar seien laut dem Papier »zehntausende zusätzliche Tote und ein Zusammenbruch des Gesundheitssystems«. Die Verfasser, Experten der Uni Wien und der ÖAW, fordern strengere Maßnahmen, auf welche sich der damalige Bundeskanzler Sebastian Kurz in der Folge eingelassen hat. Die durch das Papier angefeuerte Panikmache veranlasste den Arzt und Public Health Experten Martin Sprenger zum Rücktritt aus der seinerzeitigen Corona-Taskforce. Sprenger schreibt dazu in seinem

---

88   Beiglböck M. et al., *Stellungnahme zur COVID19 Krise 30. 3. 2019.* Herausgeber nb, 2020. online: https://tinyurl.com/yb56wvhm

Buch »Das Corona-Rätsel«, dass der Bundeskanzler die Ebene der Sachpolitik eindeutig verlassen habe.[89]

Das Papier geht von der Hypothese aus, das Virus würde binnen weniger Tage eine Erkrankung auslösen – aber diese These ist mit großer Unsicherheit behaftet. Tatsächlich gibt es auch die Möglichkeit – wie bei vielen anderen Viren, beispielsweise Herpes[90] – dass sich das Virus bereits zuvor im Körper einnistet und erst durch das Hinzukommen weiterer Faktoren (Trigger) ein Krankheitsausbruch ausgelöst wird.

Saisonale Faktoren als Krankmacher?

Für saisonale Erkrankungen wie Influenza und andere respiratorische Erkrankungen ist bislang mitnichten geklärt,[91] ob diese durch Trigger[92] oder durch akute Infektion ausgelöst werden. Als krankheitsauslösende Faktoren kommen Temperatur, Sonnenstand, Ernährungssituation, Stress und weitere in Betracht. Die Auslösung muss nicht zwangsläufig von der Jahreszeit abhängen, aber zumindest ein weiterer Faktor neben der Anwesenheit des eigentlichen Erregers muss vorhanden sein.

Folglich stehen hier zwei gleichwertige Thesen im Raum, die jedoch für Pandemiebekämpfungsmaßnahmen entscheidende Bedeutung haben. Geht man davon aus, dass das Virus kurz nach der Übertragung eine Krankheit auslöst, können Kontaktbeschränkungen sinnvoll sein. Ist jedoch das Virus bereits weit verbreitet in der Bevölkerung und tritt eine Erkrankung erst im Herbst oder Winter auf, so sind Lockdowns, Masken tragen und Kontaktbeschränkungen zu diesem Zeitpunkt praktisch sinnlos, da die Infektion schon zu einem früheren Zeitpunkt passiert ist und nun durch Umweltfaktoren aktiviert wird. Hier ist also in den Maßnahmen und Empfehlungen ganz unterschiedlich vorzugehen. Die Möglichkeit eines krankheitsauslösenden Triggers wurde jedoch überhaupt nicht in Betracht gezogen, obwohl die Wellen regelmäßig nur

89   Sprenger M., *Das Corona-Rätsel* (Aufl. 1). Seifert Verlag, Wien, 2020. ISBN 978-3-904123-34-1
90   Anonym, *Herpes simplex*. Wikipedia, 2023. online: https://tinyurl.com/4trwfd25
91   Anonym, *Robert Edgar Hope-Simpson*. Wikipedia, 2022. online: https://tinyurl.com/38efnb69
92   Craig C., *All you need to know about the seasonal trigger*. Twitter, 2022. online: https://tinyurl.com/mr3y2v2x

saisonal auftraten und in vielen Fällen die Ansteckungsquelle nicht
eruiert werden konnte.[93]

Abkehr von Tunnelblick und Scheinexpertise

Unzählige Varianten, viele sogenannte Wellen und drei Jahre später ist
das Ergebnis offensichtlich: Die strikten Absonderungs- und Quarantä-
nebestimmungen sowie die Kontaktbeschränkungen und Schließungen,
die zu wirtschaftlichen, körperlichen und psychischen Schäden[94] führten, haben keinen nennenswerten Unterschied[95] gemacht. Die Aufwer-
tung des R-Werts zur alles entscheidenden Größe, die Fokussierung der
Modelle und Prognosen auf diesen Faktor war zwecklos. Die der Politik
genehmen Expertinnen und Experten haben einmal mehr falsch gelegen.

Für zukünftige Krisen fordern wir in erster Linie eines: Einseitige Scheinexpertise, die eine amtierende Regierung zu Panikmache
und totalitären Anwandlungen verleitet, darf nicht toleriert werden.
#Kritikfähigkeit, Besonnenheit und das Einbeziehen von Expertinnen
und Experten und Vertreterinnen und Vertretern aus allen Bereichen
des gesellschaftlichen Lebens müssen sichergestellt sein. Denn wie es
Dr. Sprenger treffend formuliert hat: »Eine Pandemie ist ein gesamt-
gesellschaftliches Ereignis«.

32. Covid-19 – vergleichen verboten!

Presseaussendung vom 6. 6. 2023

Zu Beginn der Pandemie wurden Vergleiche zwischen Covid-19 und der
saisonalen Grippe angestellt, sie galten jedoch schnell als verpönt. Vergleiche sind allerdings wichtig, um Gemeinsamkeiten und Unterschiede

93 Anonym, *Contact Tracing immer erfolgloser, Oberösterreich Schlusslicht.* OÖ Nachrichten, 2023.
    online: https://tinyurl.com/2zy6tztf
94 Bardosh K., *How did the Covid pandemic response harm society? A global evaluation and state of
    knowledge review (2020–21).* SSRN, 2023. online: https://tinyurl.com/46pfvnac
95 Anonym, *Sterbefälle bleiben 2022 auf Niveau der beiden Vorjahre.* Bundesanstalt Statistik Öster-
    reich, 2023. online: https://tinyurl.com/mr3wd5 × 8

zu erkennen und fundierte Entscheidungen zu treffen. Die Gefährlichkeit von Covid-19 wurde überschätzt, was zu Angst und Panik führte. Ein kontinuierlicher Vergleich hätte Fehler vermeiden und das Land besser durch die Krise bringen können.

Als im März 2020 Covid-19 auch in Österreich relevant wurde, versuchten zahlreiche Journalistinnen und Journalisten, das Geschehen einzuordnen und stellten Vergleiche mit der saisonalen Grippe (Influenza) an. Symptome und Todesraten wurden verglichen, sowie die Übertragbarkeit und Übertragungsgeschwindigkeit. Doch bereits im April ging die Zahl der Vergleiche deutlich zurück und sie verschwanden nach kurzer Zeit (fast) vollständig aus den Medien. Der einhellige Tenor lautete dann: Covid-19 und die Grippe könne man nicht vergleichen. Aber stimmt das überhaupt?

Vergleichen ist nicht gleichsetzen

Vorab sei gesagt: Grundsätzlich kann man alles mit allem vergleichen, um dann festzustellen, welche Gemeinsamkeiten und welche Unterschiede bestehen. Lediglich das Gleichsetzen ist in vielen Fällen schwierig und nicht zielführend.

Vergleiche haben eine wichtige Funktion in unserem Leben. Sie bringen uns Erkenntnisse über Unterschiede und Gemeinsamkeiten, helfen bei der Informationsverarbeitung, um Sachverhalte einordnen zu können und sind eine wichtige Grundlage, um Entscheidungen zu treffen. Wir sind tagtäglich mit Vergleichen konfrontiert, sei es durch das Vergleichen von Angeboten bei der Kaufentscheidung, bei strategischen Überlegungen in der Arbeit oder auch einfach bei der Freizeitgestaltung. Bewusst oder unbewusst werden permanent Vergleiche in unserem Kopf angestellt, um die richtigen bzw. zielführenden Entscheidungen zu treffen. Vergleiche sind per se nicht wertend, sondern dienen der objektivierten Betrachtung eines Sachverhalts.

Angst wegen Überschätzung

Gerade die saisonale Grippe eignete sich – aufgrund der zunächst bekannten Eigenschaften von SARS-CoV-2 – für einen Vergleich. Studien[96] belegen, dass die Gefährlichkeit von Covid-19, insbesondere in den jüngeren Jahrgängen, massiv überschätzt wurde. Das hätte verhindert werden können. Eine rationale Einordnung des Geschehens hätte Stress und Panik vermieden. Widerstand hätte sich in Grenzen gehalten und auch eine gesellschaftliche Spaltung wäre wohl ausgeblieben. Durch die Angst und die Verlagerung des Diskurses weg von der Sachebene auf die emotionale Ebene konnten derartige Entgleisungen in der Kommunikation – sowohl in der Gesellschaft, als auch in der Politik – erst entstehen.

Kommunizierte Vergleichsversuche wurden medial schnell dämonisiert. Dabei schwächte sich das Virus mit jeder neuen Varianten hinsichtlich der Krankheitsschwere deutlich ab und verlor an Gefährlichkeit. Bei den Maßnahmen jedoch verhielt es sich genau umgekehrt. Immer mehr, teils noch strengere Maßnahmen wurden implementiert und die Kollateralschäden stiegen deutlich an.

Spätestens, als Covid-19 hinsichtlich der Gefährlichkeit auf der Stufe der saisonalen Influenza angelangt war, wäre das Beenden der Maßnahmen unbedingt notwendig gewesen. Stattdessen wurde eine Impfpflicht eingeführt.

Es bleibt die Frage: Warum wurden die Vergleiche von den Medien eingestellt? Es ist doch die Kernaufgabe der Journalistinnen und Journalisten, Sachverhalte ins Verhältnis zu setzen, und den Menschen begreifbar und einordbar zu machen. Diese Frage können nur die Medienschaffenden selbst beantworten.

Vergleichen geboten

Wir, die GGI (Grüner Verein für Grundrechte und Informationsfreiheit), fordern daher zukünftig im Fall des Auftretens neuer Krankheiten:

---

96   Hertwig R. et al., *Menschen überschätzen Risiko einer Covid-19-Erkrankung, berücksichtigen aber individuelle Risikofaktoren.* Deutsches Institut für Wirtschaftsforschung eV, 2020. online: https://tinyurl.com/yvzadb22

- Kontinuierliche Vergleiche: Fortlaufende Vergleiche zwischen vergleichbaren Krankheiten, wie im Fall von Covid-19 beispielsweise die saisonale Grippe, um angemessene und verhältnismäßige Maßnahmen abzuleiten.
- Rationale Informationsverarbeitung und -kommunikation: Sachliche Einordnung von Informationen zu Krankheiten, um Panik und gesellschaftliche Spaltungen zu vermeiden.
- Anpassung der Maßnahmen: Maßnahmen entsprechend der tatsächlichen Gefährlichkeit von Viren anpassen, um Kollateralschäden zu minimieren.

33. Das internationale Gesundheitszertifikat – Ein Angriff auf den Rechtsstaat

Presseaussendung vom 7. 6. 2023

Heute ist jedem klar: Der Grüne Pass war der größte Fehler des gesamten Krisenmanagements. Positive Auswirkungen konnten bislang nicht bewiesen werden, die zahlreichen negativen Folgen sind jedoch evident. Er war der Auslöser der Spaltung, denn das Gesundheitszertifikat griff direkt in die Grundprinzipien unseres Rechtsstaates ein und dies führt naturgemäß zu großen Verwerfungen. Eine Wiederholung dieses Fehlers muss um jeden Preis verhindert werden.

Am Montag (5. Mai 2023) verkündete die WHO gemeinsam mit der EU[97] in einer Presseaussendung den Auftakt zu einer Partnerschaft im Bereich der digitalen Gesundheit. Beschönigend und in völliger Realitätsverweigerung heißt es in der Aussendung:

»Im Juni 2023 wird die WHO das System der digitalen COVID-19-Zertifizierung der Europäischen Union (EU) übernehmen, um ein globales

---

97 Anonym, *System der digitalen COVID-19-Zertifizierung.* Twitter, 2023. online: https://tinyurl.com/fp4psyhu

System zu schaffen, das dazu beitragen wird, die globale Mobilität zu erleichtern und die Bürgerinnen und Bürger auf der ganzen Welt vor aktuellen und künftigen Gesundheitsbedrohungen, einschließlich Pandemien, zu schützen.«

Prompt hagelt es scharfe Kritik in den Sozialen Medien. So schreibt beispielsweise die EU-Abgeordnete Michèle Rivasi,[98] Mitglied der Fraktion Die Grünen/EFA[99] auf Twitter: »Digitale Covid-Zertifikate haben in der EU zu Diskriminierung und Verletzungen der Grundrechte geführt. Sie verarbeiten sensible persönliche Daten und begünstigen den Missbrauch von Macht. Wo sind die Schutzmechanismen?«[100]

Bis heute gibt es keine Nachweise, dass die Einführung des Zertifikats auch nur irgendwelche positiven Einflüsse auf den Pandemieverlauf hatte. Die negativen Auswirkungen sind jedoch offensichtlich. Gerade der Grüne Pass, also das Covid-19-Zertifikat, gilt als eine der Hauptursachen der Spaltung und wurde in einigen Regionen – aufgrund der Grundrechtswidrigkeit – sogar verboten.

Die Gründe sind leicht erklärt: Ein Gesundheitszertifikat ermöglicht erst die institutionalisierte Diskriminierung und sein Einsatz ist ein direkter Anschlag auf die Grundprinzipien unseres Rechtssystems und auf die Grund- und Freiheitsrechte.

Die Systematik unseres Rechtssystems

Grundrechte – und hierzu zählt auch die persönliche (Bewegungs-)Freiheit – stehen jedem Menschen von Geburt an zu. Sie sind unveräußerlich, das heißt, auf sie kann niemand verzichten, sie sind unteilbar und gelten weltweit. Diese Rechte hat der Mensch also, auch ohne, dass der Staat sie gewährt.

Im Recht gilt der Grundsatz: »Wer behauptet, muss beweisen.«

Dieser Grundsatz besteht seit tausenden Jahren – bereits zu Zeiten des römischen Rechts – und hat sich bewährt. In dubio pro

98   Rivasi M., Twitter, 2023. online: https://tinyurl.com/m5ax86c4
99   Anonym, *Die Grünen/Europäische Freie Allianz*. Wikipedia, 2023. online: https://tinyurl.com/5n8f2eub
100   Rivasi M., *Les certificats Covid numériques*. Twitter, 2023. online: https://tinyurl.com/2hpsu7mk

reo – lateinisch für »im Zweifel für den Angeklagten« – ist die Kern-maxime unseres Strafrechtssystems. Gelingt es der Staatsanwaltschaft nicht, die Schuld nachzuweisen, ist der Beschuldigte freizusprechen. Gleiches gilt auch im Zivilrecht: Wer behauptet, jemand hätte einen Vertrag gebrochen, eine Schuld nicht beglichen oder gegen Rechte ver-stoßen, ist beweispflichtig.

Mit dem Gesundheitszertifikat wird dieser Grundsatz ins Gegen-teil verkehrt. Es ist nun nicht mehr Sache des Staates zu beweisen, dass von einer bestimmten Person eine gesundheitliche Gefahr ausgeht. Das Gegenteil ist der Fall. Der Staat kann einfach pauschal einer bestimm-ten Gruppe eine potenzielle Gefährder-Rolle unterstellen – und das In-dividuum muss sich dann freibeweisen.

Man übertrage dies ins Strafrecht. Strafverfahren, in denen sich die Beschuldigten freibeweisen müssen – hier könnte es jeden treffen. Im Zivilrecht könnte jedes Unternehmen wahllos Rechnungen verschicken, und die Empfänger müssten beweisen, dass sie eine Leistung nicht in Anspruch genommen hätten. Es wäre das Ende des Rechtsstaates.

Unser Rechtsstaat ist kein Spielzeug

Wenn hier von Befürwortern eingewendet wird, dass im Fall des Covid-19-Zertifikats statistisch gesehen von bestimmten Gruppen eine grö-ßere Gefahr ausgehen würde, ist folgendes Beispiel entgegenzuhalten:

Im Asylbereich wurde des Öfteren von Seiten der FPÖ mit dem Ge-danken gespielt, eine Präventivhaft für Flüchtlinge vorzusehen, da diese laut Statistik eine höhere Kriminalitätsquote aufweisen würden. Zurecht gab es einen Aufschrei, denn pauschale Vorverurteilungen einer ganzen Gruppe – basierend auf statistischen Daten – geben keine Auskunft über den Einzelfall und würden somit zu zahlreichen unberechtigten Frei-heitseinschränkungen führen. Der Tenor hierzu ist klar: Präventivhaft ist verfassungswidrig und mit unseren Grundrechten nicht vereinbar.

Doch genauso verhält es sich mit dem geplanten Gesundheitszer-tifikat. Basierend auf statistischen Daten – deren Datengrundlage im Falle von Covid-19 noch dazu höchst fragwürdig war – wird Menschen ein Gefährdungspotential unterstellt. Es handelte sich zum allergrößten

Teil um gesunde Menschen. Das heißt, die unberechtigte Freiheitsein-
schränkung der allermeisten Menschen wurde einfach so in Kauf genommen. Dieser Ansatz ist mit unserem Rechtssystem unvereinbar und
bedeutet die endgültige Abkehr von der (liberalen) Demokratie.

Gesundheitszertifikat verbieten – Rechtsstaat schützen

Diesem Anschlag auf die Grundprinzipien unserer Rechtsstaatlichkeit
muss mit Vehemenz entgegengetreten werden. Das Covid-19-Zertifikat
hat sich nicht bewährt – im Gegenteil. Und das ist allen klar! Noch nie
hat eine Maßnahme eine derartige Spaltung verursacht. Aus der Krise
lernen, heißt: Die gleichen Fehler nicht mehr wiederholen!

Wir, die GGI (Grüner Verein für Grundrechte und Informationsfreiheit) fordern daher
- ein Verbot des Gesundheitszertifikats auf nationaler Ebene und
- dass die Regierung die Zustimmung zu einem derartigen Projekt auf
  EU-Ebene verweigert.

Derartige Bestrebungen der EU sind Wasser auf den Mühlen der Aus-
trittsbefürworter und läuten das Ende der Europäischen Union ein –
und das sollte auf jeden Fall verhindert werden.

34. Grippe oder SARS-CoV-2? Wer suchet, der findet!

Presseaussendung vom 13. 6. 2023

Das Auftreten von Grippe und ähnliche Erkrankungen der Atemwege
wird in Österreich jedes Jahr im Winter überwacht (»Surveillance«). In
der Saison 2019/2020 wurde eine ungewöhnlich hohe derartige Aktivi-
tät verzeichnet. Dies untermauert Erkenntnisse, wonach SARS-CoV-2 bereits Monate vor dem ersten Lockdown vorherrschend war. Die Zwecklosigkeit von Schließungen und Kontaktbeschränkungen hat sich also
schon damals abgezeichnet.

Wie funktioniert Surveillance

Die sog. Influenza-Surveillance (Überwachung) in Österreich bezieht sich
auf Grippe (Influenza) und grippeähnliche Erkrankungen der Atemwege
(»Influenza-like illness«, kurz ILI). In sogenannten Sentinel-Erhebungen
werden alljährlich Meldungen über grippale Erkrankungen aus ausgewählten Arztpraxen im Raum Wien, Graz und Innsbruck während der
Grippe-Saison erfasst (in der Regel KW 40 bis KW 20 des Folgejahres).
Zuständige Behörde ist die Agentur für Gesundheit und Ernährungssicherheit (AGES). Die molekularbiologische Untersuchung verschiedener
Influenza-Stämme und -Varianten erfolgt ebenfalls über ein Sentinel-
System des Diagnostischen Influenza Netzwerks Österreich (DINÖ), sowie durch beauftragte Labore.[101][102]

Höchstwert an Grippe-Aktivität im Winter 2019/20

Neben der Zählung von Fällen und der Hochrechnung zu einer Inzidenz
wird zusätzlich die Kennzahl »Influenza-Aktivitätsindex« berechnet.
Dieser hat interessanterweise gegen Ende 2019/Anfang 2020 mit fast
220 Prozent einen Höchstwert erreicht, womit der bisherige Höchstwert von 160 Prozent deutlich übertroffen worden ist. Auch die Zahl der
ILI-Fälle lag deutlich über den beiden vorherigen Saisonen100. Dies ist
ein weiteres Indiz dafür, dass SARS-CoV-2 bereits 2019 prävalent, d. h.
weit verbreitet war.[103] Menschen, bei denen das Grippevirus vorhanden
war, ohne nennenswert Symptome oder Krankheit auszulösen, könnten
durch die zusätzliche Virenlast von SARS-CoV-2 dann tatsächlich erkrankt
sein. Ein Abstrich beim Arzt hätte dann – bis zur Einführung der Corona-
Tests – ein Influenza-positives Ergebnis geliefert. Covid-19 könnte also
schon Monate vor der Ausrufung der Pandemie dafür verantwortlich

101 Anonym, *Nationale Referenzzentrale für Influenza Surveillance*. Österreichische Agentur für Ge-
     sundheit und Ernährungssicherheit (AGES), 2023. online: https://tinyurl.com/4nr6zh27
102 Anonym, *Nationale Referenzzentrale für Influenza-Epidemiologie, Jahresbericht Saison 2019/2020*.
     Bundesministerium für Soziales, Gesundheit, Pflege und Konsumentenschutz, 2020. online:
     https://tinyurl.com/2p9ke42j
103 Mayer P., *Wissenschafter in Frankreich und Italien belegen Corona Infektionen schon 2019*. TKP,
     2022. online: https://tinyurl.com/34p9n6vz

gewesen sein, dass der Influenza-Aktivitätsindex so extrem erhöht war, also für eine Verzerrung des Grippe-Indexes gesorgt haben.

Tunnelblick verhindert Übersicht

Ab der Kalenderwoche 14/2020 war dann keine Influenza-Aktivität mehr feststellbar. Hatte SARS-CoV-2 inzwischen Influenza vollständig verdrängt (virale Interferenz)? Eher zu vermuten ist, dass man durch exzessives Testen das gefunden hat, wonach man gesucht hat, und auf die Influenza-Viren nicht mehr geachtet hat. Diese These untermauert ein Blick auf die Nachbarstaaten Haiti und Dominikanische Republik auf derselben Insel Hispaniola. Haiti hat 2020/21 eine Influenza-Aktivität auf normalem Niveau verzeichnet. Die Dominikanische Republik hingegen zur gleichen Zeit überhaupt keine, dafür aber eine erhöhte Zahl an Corona-Fällen. Wie kann es solche Unterschiede in der gleichen Region geben? Der Tunnelblick auf das neue Virus (Lockdowns, Tests, Tele-Krankschreibung, etc.) könnte Influenza, trotz näherungsweiser normaler Zirkulation, in der Dominikanischen Republik schlicht aus der Erfassung verdrängt haben, während das arme Haiti kein derartiges neues Testregime aufgebaut hatte und daher nur die bekannten Grippeviren vermeldete.[104]

In der Saison 20/21 wurden in Österreich nur eine Handvoll Influenza- bzw. ILI-Fälle erfasst, erst ab 21/22 war wieder ein geringes aber nennenswertes Geschehen sichtbar. 22/23 haben Influenza und (nunmehr Nicht-Covid-)ILI dann wieder kräftig zugeschlagen.[105]

Breite Analysen vor massiven Einschränkungen

Es stellt sich die Frage, warum die auffällig hohe Influenza-Aktivität vor dem offiziellen Pandemie-Beginn und die weltweit inkonsistenten Aufzeichnungen nicht näher betrachtet worden sind. Wir haben in

104 Neil M., *Playing hide-and-seek with the flu*. Substack, 2023. online: https://tinyurl.com/3vvzwy42
105 Anonym, *Influenza Laboratory Surveillance Information*. World Health Organization, 2023. online: https://tinyurl.com/cuba7wjf

vergangenen Presseaussendungen bereits das Phänomen des saisonalen Triggers betrachtet, wie auch den R-Wert als überschätzten Parameter.[106]

Wir, die GGI (Grüner Verein für Grundrechte und Informationsfreiheit) fordern daher zukünftig im Fall des Auftretens neuer Krankheiten:

- Bevor man massive Einschränkungen wie Lockdowns mit all den verbundenen Kollateralschäden verhängt, sind alle verfügbaren Daten, Erhebungen, Ursachen und Erklärungsmodelle zu analysieren und abzuwägen.
- Statt in überbordende Testungen zu investieren, sind die Ressourcen auf Prävention sowie frühzeitige, umfassende Behandlungskonzepte zu konzentrieren.

35. Mysterium Intensivstation – Hinter verschlossenen Türen

Presseaussendung vom 15. 6. 2023

Die »drohende Überlastung des Gesundheitssystems« hing die letzten Jahre wie ein Damoklesschwert über uns. Viele Maßnahmen wurden damit begründet. Doch viele wichtige Daten wurden nicht sauber erfasst bzw. zusammengeführt und abgeglichen. Egal ob Belagszahlen, Infektionsdaten, Impfstatus oder Sterbeursachen – vieles liegt im Dunkeln. Symptomatisch für diese schlechte Datenlage ist der Belag auf den Intensivstationen, wo wir nicht einmal wissen, wie viele Intensivbetten wir überhaupt in Österreich haben.

Wie viele betriebsbereite Intensivbetten gibt es überhaupt?

Die Auslastung der Intensivstationen gilt spätestens ab dem Stufenplan im September 2021 als das eine entscheidende Kriterium für das

---

106 Anonym, *Der R-Wert – Kennzahl mit wenig Aussagekraft.* Grüner Verein für Grundrechte und Informationsfreiheit, 2023. online: https://tinyurl.com/mv9a8zpr

Inkrafttreten diverser Einschränkungsmaßnahmen.[107] Doch auch vorher hat u. a. das Covid-19-Dashboard der AGES regelmäßig Balkendiagramme mit den Belegungszahlen veröffentlicht.[108] Lange Zeit hat man vornehmlich auf die 10 % (Grenzwert u. a. für Verschiebung von chirurgischen Eingriffen) und 33 % (Grenzwert für angebliche Gefahr des Systemzusammenbruchs) wie Kaninchen auf die Schlange gestarrt. Nur wenige haben sich darüber Gedanken gemacht, was ein Intensivbett eigentlich ausmacht, was auf Intensivstationen passiert, welchen Sinn die Isolierung von Patienten gemacht hat und ob es andere Möglichkeiten der Behandlung gegeben hätte.

Was ein Intensivbett ist bzw. wie viele es gibt, allein dazu sind die Angaben widersprüchlich. Während etwa das erwähnte AGES-Dashboard regelmäßig gut 2000 zeigt, so berichten die Jahrbücher der Gesundheitsstatistik von deutlich über 2500. Demnach ist deren Zahl zwischen 2017 und 2022 von 2514 auf 2648 gestiegen; ebenfalls gestiegen ist die Zahl der Anästhesistinnen und Anästhesisten bzw. der Intensivmedizinerinnen und Intensivmediziner.[109]. Mangel herrscht bekanntlich bei Pflegekräften. Die Zahlen beziehen sich freilich nur auf tatsächlich aufgestellte Betten; ob diese betriebsbereit sind, geht daraus nicht hervor.

Warum lagen die Menschen auf der Intensivstation?

Ob eine kurzfristige Erweiterung der Kapazitäten möglich bzw. sinnvoll gewesen wäre, lassen wir an dieser Stelle außen vor. Tatsache ist, dass die längste Zeit keine Unterscheidung getroffen worden ist, wer tatsächlich von der Krankheit Covid-19 beeinträchtigt war und bei wem nur ein Test zufällig positiv war.[110] In beiden Fällen wurde unseres Wissens nach nie

107 Anonym, *Der Corona-Stufenplan für den Herbst im Detail*. Vienna.at, 2021. online: https://tinyurl.com/4v7vjmyy
108 Anonym, *AGES Dashboard COVID19*. Österreichische Agentur für Gesundheit und Ernährungssicherheit, 2020. online: https://tinyurl.com/22krtvyb
109 Prammer-Waldhör M et al., *Jahrbuch der Gesundheitsstatistik*. Bundesanstalt Statistik Österreich, 2017–2023. online: https://tinyurl.com/bdz9cn9v (Jahrbücher 2017 bis 2022)
110 Anonym, *Let's Talk About … Falldefinition*. Grüner Verein für Grundrechte und Informationsfreiheit, 2023. online: https://tinyurl.com/2jp3pamw

berücksichtigt, ob die Patienten als »Corona-Patienten« aufgenommen worden sind oder sich im Spital angesteckt haben.

Warum hat sich die durchschnittliche Aufenthaltsdauer verdreifacht?

Weder Gesundheitspolitik noch Medien haben jemals thematisiert, dass die durchschnittliche Belagsdauer für ein Intensivbett bis 2019 von gut 3 Tagen auf gut 10 Tage ab 2020 gestiegen ist, was sich allein mit den zusätzlichen Covid-Patienten nicht erklären lässt. Man kann aber davon ausgehen, dass die erhöhte Aufenthaltsdauer, neben der Verknappung von Personal, für die kommunizierte erhöhte Auslastung mancher Intensivstationen eine Rolle gespielt hat.

Fehlbehandlungen mitverantwortlich für Corona-Tote?

Darüber hinaus war bald bekannt, dass die voreilige Beatmung nachteilige Endpunkte gefördert und eher zum Tod geführt hat.[111][112] Aber auch in Fällen mit Lungenentzündung und daraus resultierendem Atemstillstand war man bald unsicher, ob dies allein ein schweres medizinisches Problem war. Womöglich sind sekundäre, bakteriell bedingte Lungenentzündungen – ein an sich gut behandelbares Problem – eskaliert. Neue Forschungen deuten auf zweiteres hin. Demnach führt Covid-19 im Vergleich zu andersartig verursachten Lungenentzündungen zu einer geringeren Sterblichkeit. Sekundäre bakteriell bedingte Probleme im Zuge der Beatmung (unbehandelt oder auf Behandlung nicht ansprechend) kehren dies aber um und führen zu einer erhöhten Sterblichkeit.[113]

111   Voshaar T. et al., *Warum hat in der Pandemie die Intensivmedizin häufig mehr Probleme geschaffen als gelöst?* Sokrates – Ein Forum kritischer Rationalisten eV, 2023. online: https://tinyurl. com/567thd3d
112   Renner V., *Deutschland: Beatmung brachte mehr Geld – 20.000 »Corona-Tote« durch Falschbehandlung?* Report24, 2023. online: https://tinyurl.com/8dvhb35f
113   Gao C. et al., *Machine learning links unresolving secondary pneumonia to mortality in patients with severe pneumonia, including COVID-19.* J Clin Invest, 2023. online DOI: https://doi.org/10.1172/ JCI170682

Dies mag 2020 noch durch fehlende Kenntnis erklärbar sein, ab 2021 hätte man aber die Behandlungsmodalitäten genau überprüfen müssen. Stattdessen hat man auf überhastet entwickelte und entsprechend wenig nützliche Impfstoffe gesetzt und mit einer verpflichtenden Impfung Personal zum Weggang aus dem Gesundheitsbereich genötigt.

Warum wurde beim Umgang mit dem neuartigen Pathogen bzw. den dadurch verursachten Krankheiten ein sog. »repurposing« (Umnutzung) von bewährten Arzneien und Behandlungsmethoden nicht in Betracht gezogen?

Fragen über Fragen

Selten sind wir bei unseren Recherchen auf so viele Widersprüchlichkeiten und Unklarheiten gestoßen, wie bei diesem Thema.[114] Es gibt unzählige offene Fragen, die einer Beantwortung durch die zuständigen Behörden oder Experten bedürfen. Unter anderem folgende:

- Warum haben wir so eine miserable Datenlage, warum wurde bzw. wird so vieles mangelhaft oder gar nicht erfasst (wie etwa der Impfstatus von Corona-Patientinnen und -Patienten und -Toten)?
- Wie konnte das System vor dem Zusammenbruch stehen, wenn z. B. 2020 lt. Rechnungshofbericht die Zahl der ambulant und stationär versorgten Patienten deutlich unter jener des Vorjahres lag?
- Warum wurde medial der Eindruck erweckt, dass die meisten Corona-Opfer auf Intensivstationen lagen, bevor sie starben, obwohl dies nicht der Fall war?
- Wie ist es zu erklären, dass in der 4. Welle (November 2021) fast gleich viele Covid-Patienten auf Intensivstationen behandelt werden mussten, wie in der 2. Welle (Ende 2020), obwohl die Durchimpfungsrate der Bevölkerung zu der Zeit schon bei 70 Prozent lag?
- Warum wurde im Sommer 2021 berichtet, dass Corona-Patienten durchschnittlich 28 Tage auf der Intensivstation liegen, obwohl am

---

114 Anonym, *Krise der Krankenhäuser – Schein oder Sein?* Grüner Verein für Grundrechte und Informationsfreiheit, 2023. online: https://tinyurl.com/26vdmsuw

Ende des Jahres im Jahresbericht ein Durchschnitt von 13 Tagen genannt wurde?

36. Schulschließungen – ein Fehler mit gravierenden Folgen

Presseaussendung vom 20. 6. 2023

Österreich gehört mit der Dauer des Distanz- bzw. Schichtunterrichts während der Corona-Krise zu den Spitzenreitern in Europa. Obwohl es im Sommer 2020 schon ausreichend Studien gab, die auf die Kollateralschäden von geschlossenen Schulen für die Kinder und Jugendlichen hinwiesen, setzte Österreich auch im Schuljahr 2020/21 weiter auf Schulschließungen. Und das, obwohl die Schüler weder Treiber der Gesundheitskrise noch selber durch die Infektion besonders gefährdet waren.

Bundeskanzler Sebastian Kurz sagte am 10. März 2020 in einer seiner ersten Pandemie-Pressekonferenzen,[115] dass es nicht um »Showmaßnahmen« gehe und man Schulen »nicht monatelang« schließen werde können. Tatsächlich passierte aber genau das. Letztlich waren die Schulen in der Corona-Zeit (zwischen März 2020 und Juni 2021) bis zu 39 Wochen für den Regelunterricht geschlossen. Betroffen waren mehr als eine Million Schülerinnen und Schüler. Und dazu noch 380.000 Studierende an Universitäten[116] und Fachhochschulen. In Summe konnte man vermeintlich also mit der Schließung der Bildungseinrichtungen die Sozialkontakte von 1,5 Millionen Kindern, Jugendlichen und jungen Erwachsenen massiv einschränken.

115 Red., *Starke Einschränkungen beschlossen.* ORF Online und Teletext, 2020. online: https://tinyurl.com/2wnb7vda

116 Nimmervoll L. *Österreichs Unis seit Pandemiebeginn doppelt so lang gesperrt wie OECD-Schnitt.* DerStandard, 2021. online: https://tinyurl.com/44md9t3f

Der R-Faktor als Rechtfertigung für Schulschließungen

Im Juni 2020 identifizierten Peter Klimek und seine Kollegen vom Complexity Science Hub Vienna (CSH) Schulschließungen als die bei weitem effizienteste Maßnahme, um den Reproduktionsfaktor zu senken. Ihrer – nicht begutachteten – Studie[117] zufolge reduzierten sie die Reproduktionszahl um bis zu 0,34, das heißt, dass eine Person anstatt 3 weitere nur mehr 2,7 ansteckt. Daher ging es auch im Schuljahr 2020/2021 – trotz vieler alarmierender Studien zu den sozial und sozioökonomisch nachteiligen Auswirkungen – mit Schulschließungen weiter. Und Österreich wurde im neuen Schuljahr mit Tschechien, der Slowakei und Slowenien zum Spitzenreiter bei den Schließtagen (10 Wochen komplett, 20 Wochen teilweise). Unterschiede bei den Infektionszahlen ließen sich zwischen Ländern ohne Schulschließungen und solchen mit langanhaltendem Distanzunterricht aber kaum feststellen.[118] Die ursprüngliche Annahme, dass Kinder und Jugendliche Infektionstreiber seien, bestätigte sich nicht.

Zu kurz gedacht

Waren der Grund für Schulschließungen womöglich Überlegungen, dass damit kein großer wirtschaftlicher Schaden verbunden sei, so ist das jedenfalls viel zu kurz gedacht. Wie Studien aus verschiedenen Ländern zeigen, ziehen Schulschließungen langfristig gesehen hohe individuelle und gesellschaftliche Kosten nach sich. Bildungsdefizite bei rund 10 Prozent der Schüler (das sind über 100.000), die nicht oder kaum von den Lehrern erreicht werden konnten, wirken sich auf deren weitere Bildungskarrieren negativ aus, führen zu schlechteren Jobs, zu mehr Arbeitslosigkeit und damit zum notwendigen Bezug von mehr Transferleistungen.[119]

---

117 Red. *Forscher bezeichnen Schulschließungen als wirksamste Maßnahme*. Kurier. 2021. online: https://tinyurl.com/ytnv6aeh

118 Nimmervoll L. *Wie unterschiedlich Länder ihre Schulen durch die Pandemie manövrieren*. Der Standard, 2020. online: https://tinyurl.com/264utbky

119 Anonym, *WIFO Research Briefs*. Österreichisches Institut für Wirtschaftsforschung, 2023. online: https://tinyurl.com/yfkpt9pu

Gesundheit nachhaltig geschädigt

Psychisch gesunde und selbstsichere Kinder können mögliche Lern-
rückstände besser aufholen.[120] Aber die Psyche wurde durch die Maßnahmen massiv belastet. Zugenommen haben Ängste, depressive Symptome, Essstörungen und Borderline-Diagnosen. Die Kinderpsychiatrien
waren konstant im Triage-Modus. Weitere Befunde waren zu wenig Bewegung und zu viel Bildschirmzeit, zudem Schlafstörungen. Durch die
Schließungen von Schulen, Sportstätten und Vereinen ist es insgesamt
zu einer Verringerung gesunder Verhaltensweisen wie körperlicher Ak-
tivität und Unternehmungen mit Gleichaltrigen bei gleichzeitiger Zunahme weniger gesunder Ernährungs- und Bildschirmverhaltensweisen
gekommen. Sowohl die körperliche als auch die psychische Gesundheit der Schüler und Studenten hat also durch die Maßnahmen massiv gelitten.[121]

Bildungsschere vergrößert

Die Corona-Pandemie und die damit verbundenen Schulschließungen
haben weitreichende Auswirkungen auf Bildung, Gesundheit, Lebensqualität und Zukunftsperspektiven von Familien. Vor allem jüngere Kinder aus sozioökonomisch schlechter gestellten Familien, lernschwache
Kinder, sowie Kinder mit mangelnder Selbstorganisation sind davon
besonders betroffen. Es mangelte in der ersten Phase an technischer
Ausstattung (mindestens 16 Prozent hatten kein digitales Endgerät), an
einem geeigneten Lernumfeld (gerade bei Mehrkindfamilien), an mangelnder Unterstützung durch die Eltern (21 Prozent hatten niemanden,
der ihnen half). Auch Sprachbarrieren spielten eine große Rolle. Die Bil-
dungsschere ging also noch weiter auf, konstatiert unter anderem Bil-
dungsexpertin Christiane Spiel.[122]

---

120 Anonym, *Deutsche Studie: Psychische Gesundheit von Schülern so wichtig wie Bildung.* Kurier.
     2021. online: https://tinyurl.com/3nwemxtb
121 Red., *Die kindliche Psyche leidet massiv unter den Schulschließungen.* Kurier. 2021. online: https://
     tinyurl.com/mwtb2beu
122 Red., *Schulen öffnen im »Schichtbetrieb«.* ORF Online und Teletext. 2020. Online. https://tinyurl.
     com/4nwdnydf

Nie wieder Schulschließungen

Selbst die Weltgesundheitsorganisation (WHO) und das UN-Kinderhilfs-werk Unicef rufen nun dazu auf, dass Schulen offen bleiben müssen.

Schulschließungen haben den Verlauf der Corona-Krise kaum be-einflusst, den Schülern aber nachhaltig geschadet. Hilfreich, um die Bil-dungsschere nicht noch weiter auseinander klaffen zu lassen, könnten Programme sein, die Kindern aus einkommensschwachen Familien in Zukunft unbürokratisch die Teilnahme an Ausflügen und Schulfahrten sowie Förderunterricht und Nachhilfe finanzieren.

Kinder und Jugendliche, die Bedarf haben, müssen kostenlosen und raschen Zugang zu therapeutischer, psychologischer bzw. psychiatri-scher Hilfe erhalten. Dazu ist der am 19. 06. 2023 vom Gesundheitsmi-nister angekündigte Fonds von zusätzlichen 19 Millionen Euro im Rah-men des Projektes »Gesund aus der Krise« ein kleiner Baustein.

In zukünftigen Krisen müssen die vielfachen negativen Auswirkun-gen von Maßnahmen auf unsere Kinder und Jugendlichen viel mehr ge-wichtet werden als ein eingeschränkter Tunnelblick auf epidemiologi-sche Parameter.

37. Masken: Nutzen oder Schaden?

Presseaussendung vom 22. 6. 2023

In diesem Beitrag beleuchten wir die kontroverse Evidenz rund um Mund-Nasen-Schutz bzw. Gesichtsmasken. Ein nennenswerter epide-miologischer Schutz vor der Übertragung bzw. Aufnahme von Viruspar-tikeln ist nie gezeigt worden. Demgegenüber steht eine Reihe mögli-cher Schadwirkungen, die unterschätzt oder verschwiegen werden. Eine ehrliche und vollständige Vermittlung dieser Informationen ist nötig, damit Menschen für sich und ggf. ihre Kinder zweckmäßige Entschei-dungen treffen können.

Beweislage zum Nutzen bestenfalls gering

Ein Aspekt, der die Beurteilung der Wirksamkeit von Masken besonders erschwert, ist die unterschiedliche Typisierung. Während die meisten Länder auf Stoff- bzw. chirurgische Masken setzten, waren im deutschsprachigen Raum FFP2-Masken dominant. Einen deutlich messbaren Unterschied im Infektionsgeschehen hat allerdings – abseits von Laborbedingungen – keine Art von Maske gezeigt. Im Gegenteil haben bezüglich klinischer Parameter (Hospitalisierung, Tod, etc.) die Länder am besten abgeschnitten, die in vergleichsweise geringem Ausmaß auf Masken gesetzt hatten – allen voran die skandinavischen Staaten.

Wissenschaftliche Untersuchungen ergeben ein ähnliches Bild. Studien, die eine gute Wirkung bescheinigen, sind von geringer Qualität. Höherwertige Studien, zu denen auch die sog. randomisiert-kontrollierten Versuche gehören, zeigen dagegen wenig bis keine Wirkung. Auch eine systematische Übersichtsarbeit (Zusammenfassung der Ergebnisse mehrerer Studien) von Jefferson & al. von der Cochrane-Bibliothek[123] hat Anfang 2023 gezeigt, dass zwischen dem Tragen von Masken und dem respiratorischen Übertragungsgeschehen kein Zusammenhang erkennbar ist.

Hinweise auf mögliche Schadwirkungen

Damit Masken überhaupt einen Nutzen haben können, müssen sie korrekt getragen sowie regelmäßig getauscht werden. Passiert das – insbesondere bei FFP2-Masken – nicht, weil einem Großteil der Menschen die entsprechende Praxis fehlt, entsteht ein falsches Gefühl von Sicherheit. Und dieses kann dann – bei dringender Empfehlung oder Pflicht zum Maskentragen – ein bestehendes Infektionsgeschehen sogar verstärken.

FFP2-Masken enthalten Bestandteile aus Kunststoff, wobei Mikroplastik auch eingeatmet werden kann. Ob und welche Langzeitfolgen das hat, ist weitgehend unbekannt, insbesondere bei Heranwachsenden.

---

123 Jefferson T., *Interventions for the interruption or reduction of the spread of respiratory viruses.* Cochrane Database of Systematic Reviews 4, No CD006207, 2023. online DOI: https://tinyurl.com/56wb9uea

Eine weitere Gefahr ist die Erhöhung der Kohlendioxid-Konzentration im Luftraum der Maske. Diese kann von ca. 0,04 % (gewöhnliche Umgebungsluft) auf bis zu 3,2 % steigen. Bereits eine geringe Kohlendioxid-Erhöhung führt zu Konzentrationsschwierigkeiten, höhere Konzentrationen können zu neurologischen Schäden führen. Darüber hinaus sind Anstieg des Herzzeitvolumens*, Veränderung des zellulären pH-Wertes und der Gehirn-Durchblutung möglich. Unter diesem Aspekt scheint das verordnete Singen mit FFP2 Maske in den Chören oder das tägliche stundenlange Tragen von Masken ohne Pausen in den Schulen – häufig sogar beim Sportunterricht – besonders problematisch.

Werden Masken nicht regelmäßig gewechselt, kondensiert Wasserdampf der Atemluft an den Fasern. Dies sind gute Bedingungen für das Wachstum von allerlei Bakterien und Viren, die in der Folge wieder eingeatmet werden. Dies kann erst recht zu Infekten der Atemwege führen. Wohl allen ist die gängige Praxis in Erinnerung: ständiges Masken rauf, runter, in die Jackentasche, Handtasche oder Hose gesteckt; oder Masken griffbereit baumelnd am Handgelenk oder Auto-Rückspiegel. Oftmals waren Masken sichtbar schmutzig, in Taschen vergessen und bei Bedarf wieder aufgesetzt – von richtiger Anwendung und Hygiene keine Spur!

Bereits nach wenigen Monaten Covid-19-Krise gab es warnende Stimmen zu Nutzen und Risiken von Masken, schließlich auch Studien und hinreichend praktische Erfahrungen. Umso unverständlicher ist, warum die FFP2-Maskenpflicht in Wien in Öffis, Apotheken, Ordinationen und Spitälern um 9 Monate (!) länger dauerte als in den anderen acht Bundesländern und schließlich erst am 1. März 2023 endete.

Falsches Bild richtigstellen

Aufgrund der vorliegenden Evidenz lässt sich also sagen, dass (FFP2-) Masken im Alltag nicht die Schutzwirkung haben, die offiziell vermittelt wurde. Dagegen können sie der Gesundheit sogar schaden. Ganz besonders ausgeprägt sind diese Effekte bei Kindern. Hingegen kann das kurzzeitige, ordnungsgemäße Tragen von Masken in (Hoch-)Risiko-Bereichen sehr wohl sinnvoll sein. Aufgrund der Kommunikation von Politikerinnen und Politikern und beauftragten Expertinnen und Experten hat sich bei vielen Menschen aber ein falsches Bild bezüglich Nutzen und Schaden von Masken eingeprägt. Um künftig der oben erwähnten Vermittlung Rechnung zu tragen, fordern wir von den Verantwortlichen eine Richtigstellung, die auch bis zu den Menschen durchdringt. Eigenverantwortung und Hausverstand, basierend auf faktenbasierter Information, sind der Schlüssel zum sinnvollen Einsatz von Masken.

* *Das* Herzzeitvolumen *ist das Volumen des Blutes, das pro Zeitspanne vom Herzen gepumpt wird.*

Weiterführende Quellen und Literatur:

Anonym, *Nutzen und Schaden der Masken im Alltag.* Gesundheit für Österreich, 2022. online: https://tinyurl.com/f29rh522

Anonym, *Studienbibliothek zur COVID-19-Pandemie – Maßnahmen und ihre Folgen.* Gesundheit für Österreich, 2023. online: https://tinyurl.com/ye2t75rs

Fiala C.m *Maske: Schutz oder Selbstgefährdung?* Initiative Corona Info, 2022. online: https://tinyurl.com/3z8hf74s

Hinweis zur GfÖ (Gesundheit für Österreich)

Diese Aussendung basiert zum großen Teil auf Beiträgen des Vereins Gesundheit für Österreich. Wir danken an dieser Stelle sehr herzlich für das mühevolle Zusammentragen von Evidenz sowie das Verfassen von diversen Beiträgen und Zusammenfassungen rund um das Thema Masken!

Gesundheit für Österreich – Verein zur Förderung der biopsychosozialen Gesundheit – setzt sich für eine positive, freie und selbstbestimmte Zukunft ein. Der Begriff Gesundheit wird als biopsychosoziales Geschehen verstanden. Dies führt zur Forderung, auch die Gesundheitspolitik neu zu denken.

Der Verein steht Angehörigen sowohl der Gesundheitsberufe als auch allen anderen Berufen offen. Nähere Infos: https://www.gesundheitoesterreich.at/

38. Demokratie in Gefahr?
Grundsätzliches zu Demokratie & Grundrechten (Teil 1)

Presseaussendung vom 27. 6. 2023

Derzeit gibt es Bedenken und Sorgen um einen immer größer werdenden Demokratieverlust. Die Gründe und Gefahrenquellen dafür werden jedoch – je nach Standpunkt – höchst unterschiedlich bewertet. Nie zuvor erlebten wir in der 2. Republik derart massive Grundrechtseinschränkungen. In Krisenzeiten mit großer Unsicherheit empfiehlt es sich, die Grundlagen zu betrachten, und sich den ursprünglichen Zweck von Demokratie und Grundrechten in Erinnerung zu rufen, um zu prüfen, ob diesem Zweck noch entsprechend gefolgt wird.

»Österreich ist eine demokratische Republik. Ihr Recht geht vom Volk aus.«

So lautet Artikel 1 der österreichischen Bundesverfassung. Doch was bedeutet das überhaupt? Welche Prämisse steht dahinter? Und was hat das mit den Grundrechten zu tun?

Der Grundgedanke spiegelt sich in Artikel 1 der Allgemeinen Deklaration der Menschenrechte wider:

»Alle Menschen sind frei und gleich an Würde und Rechten geboren. Sie sind mit Vernunft und Gewissen begabt und sollen einander im Geiste der Brüderlichkeit begegnen.«

Menschenbild der Demokratie

Seit der Aufklärung geht man davon aus, dass alle Menschen vernunftbegabte Wesen sind, das heißt, sie treffen in der Regel Entscheidungen so, dass sie ihren eigenen und auch den Interessen der Gesellschaft dienen – Letzteres, wenn auch nur zu dem Zweck, selbst von der Mitgliedschaft in der Gesellschaft zu profitieren. Die Demokratie geht also davon aus, dass die Menschen die richtige Entscheidung treffen – für sich und für die Gesellschaft. Der Staat hat keinen Erziehungsauftrag, sondern die

Gesetze sollen derart vernünftig und schlüssig gestaltet sein, dass sich die Menschen in der Regel aus innerer Überzeugung und in ihrem eigenen Interesse daran halten, da sie den Sinn darin erkennen. Im Gegensatz zur Autokratie ist der Mensch eben gerade nicht Untertan, der Gehorsam schuldet, oder »zu dumm« ist, die für ihn und die Gesellschaft beste Entscheidung zu treffen.

Idee des demokratischen Staates

Im Zentrum der Demokratie steht also das Individuum mit seinen angeborenen und unveräußerlichen Menschenrechten. Zum Zweck der Kooperation, Organisation und des besseren Zusammenlebens in der Gesellschaft überträgt der Mensch Rechte an den Staat mit dem Auftrag, die Grundrechte zu schützen und insbesondere Freiheit und Sicherheit zu garantieren. Nur dadurch erhält der Staat seine Macht und Legitimität, denn wie in Artikel 1 des Bundes-Verfassungsgesetzes geregelt, geht alle Macht vom Volk – also der Summe aller Staatsbürgerinnen und Staatsbürger – aus.

Da der Schutz individueller Rechte der einzig legitime Zweck einer Regierung ist, kann einzig dieser Schutz als Begründung für die Gesetzgebung dienen: Alle Gesetze müssen auf individuellen Rechten basieren und auf ihren Schutz abzielen. Alle Gesetze müssen objektiv (und objektiv zu beweisen) sein: Man muss wissen können – und zwar im Voraus einer Handlung – was das Gesetz verbietet (und warum), was ein Verbrechen darstellt und welche Strafe man bekommt, wenn man es begeht.

Unter einem legitimen Gesellschaftssystem hat ein Privatmensch die Freiheit, jede Handlung zu tätigen, die er tätigen will (solange er nicht die Rechte anderer verletzt), während Regierung (Verwaltung) und die Gerichte bei jeder öffentlichen Handlung an Gesetze gebunden sind. Ein privates Individuum darf alles tun, was nicht gesetzlich verboten ist; eine Regierung darf nichts tun, was nicht gesetzlich explizit erlaubt ist, und Gerichte müssen sich in jedem Fall an die Gesetze halten und diese vollziehen (Legalitätsprinzip Art. 18 B-VG). So unterwirft man »Macht« dem »Recht«.

Grundrechte sind Abwehrrechte gegen den Staat

Grund- und Freiheitsrechte sind daher Abwehrrechte des Individuums gegen den Staat. Sie geben dem Menschen – und zwar jedem Einzelnen – das Recht, gegen Gesetze und Rechtsakte vorzugehen, wenn der Staat seine Kompetenzen überschreitet. Sie sind sogar derart essenziell, dass sich daraus Gewährleistungsrechte ableiten, also der Staat verpflichtet wird, Systeme und Regelungen zu schaffen, um die Grundrechte zu fördern.

Das zeigt sich beispielsweise am Grundrecht auf Versammlungsfreiheit: Demonstrationen können die öffentliche Ordnung und Sicherheit gefährden. Doch darf der Staat deshalb Demonstrationen nicht einfach verbieten – im Gegenteil: Er muss ausreichend Sicherheitskräfte bereitstellen, um zu gewährleisten, dass eine Demonstration geordnet ablaufen kann.

Gleiches gilt beim Recht auf Leben: Dem Staat ist es nicht nur verboten, in das Recht auf Leben einzugreifen. Er muss sogar Systeme bereitstellen, um das Recht auf Leben abzusichern. Dazu hat er beispielsweise das Strafrecht geschaffen, und ist auch verpflichtet, Angriffe auf das Leben (Mord, Körperverletzung etc.) gerichtlich zu verfolgen. Auch die Schaffung des Gesundheitssystems leitet sich aus dem Gewährleistungsrecht des Schutzes des Lebens und der körperlichen Unversehrtheit ab.

Nur dann, wenn Grundrechte direkt miteinander konkurrieren, müssen sie gegeneinander abgewogen werden und der Staat darf die gelindestmöglichen, notwendigen und tauglichen Einschränkungen vornehmen, um das legitime Ziel (Grundrechtsschutz) zu erreichen, sofern sie verhältnismäßig sind.

Demokratie in Gefahr

Der Staat ist also kein Selbstzweck. Er ist dazu da, den Menschen zu dienen. Wenn jedoch der Mensch nur noch dem (staatlichen) System dient und das System nicht mehr dem Menschen, dann handelt es sich um eine Scheindemokratie. Der Bundespräsident lobte wiederholt die Schönheit und Eleganz der Verfassung. Dem ist beizupflichten. Doch

Schönheit und Eleganz verblassen, wenn sich die Staatsgewalten nicht mehr an die Verfassung halten oder ihren Wesenskern aus den Augen verlieren.

Nicht von ungefähr wurde Österreich im April 2022 im Demokratie-Index von einer liberalen Demokratie auf eine Wahldemokratie abgestuft.[124] »Das bedeutet, dass Bürgerinnen und Bürger zwar ihre Stimme abgeben dürfen, die optimalen Bedingungen für eine Demokratie aber nicht mehr gegeben sind. Ein deutlicher Rückgang bei dem ›Indikator für transparente Gesetze‹ und ›vorhersehbare Durchsetzung‹ habe dazu beigetragen, dass Österreich die Voraussetzungen für eine liberale Demokratie nicht mehr erfülle, so die Begründung.«

Weiterführende Quellen und Literatur:

Grabenwarter C., Frank S. *B-VG – Bundes-Verfassungsgesetz und Grundrechte.* MANZ'sche Verlags- und Universitätsbuchhandlung, 2020.

Gamper A., *Staat und Verfassung* (Aufl 2). Facultas Verlags- und Buchhandel, 2010. ISBN: 978-3-7089-2156-3

Rand A., Branden N., *Tugend des Egoismus* (Aufl 1). TvR Medienverlag, 2016. ISBN: 978-3-940431-59-2

Fromm E., *Die Kunst des Lebens – Zwischen Haben und Sein* (Aufl 1). Verlag Herder GmbH, 2018. ISBN: 978-3-451-03159-5

Europäische Menschenrechtskonvention (EMRK), 2024. online: https://tinyurl.com/utm2thvn

Allgemeine Erklärung der Menschenrechte, 2024. online: https://tinyurl.com/4tzfvx7v

---

124 Red., V-Dem-Bericht: *Österreich auf »Wahldemokratie« zurückgestuft.* ORF Online und Teletext, 2022. online: https://tinyurl.com/2dczvc8 m

39. Menschenrechte – ein fundamentales Missverständnis. Grundsätzliches zu Demokratie & Grundrechten (Teil 2)

Presseaussendung vom 29. 6. 2023

Oft berufen sich Menschen auf ihre Grundrechte. Doch ist das immer angebracht? Was vielen Menschen nicht bewusst ist: Für die Verhältnisse von Menschen untereinander gelten die Grundrechte nicht. Sie binden lediglich den Staat. Insbesondere bei Medien kann dieses Verhältnis jedoch unklar werden. Der Übergang zwischen Pressefreiheit und finanzieller Abhängigkeit von staatlichen Mitteln ist bezüglich der Grundrechte ein schwieriges Thema.

Wie in der vorherigen Presseaussendung erklärt, sind Grundrechte Abwehrrechte gegen den Staat. Sie gelten also ausschließlich im Verhältnis Staat vs. Individuum direkt. Im privaten Bereich gibt es im Grunde keine direkte Geltung der Grundrechte.

Warum ist das so?

Im Sinne der Verfassung gibt das Individuum dem Staat bestimmte Rechte ab. Sie gelten gemeinhin als »an den Staat verliehen«. Hierzu zählt insbesondere das Gewaltmonopol. Also der Staat kann Gesetze und Regelungen vorschreiben, an welche sich die Menschen zu halten haben. Tun Sie das nicht, kann die Umsetzung zwangsweise durchgesetzt werden. Es besteht also ein eindeutiges, rechtlich bindendes Machtverhältnis.

Keine direkten Grundrechte im privaten Bereich

Im Privatbereich ist das anders. Hier gelten alle Menschen als grundsätzlich gleichwertig. Natürlich gibt es faktisch ständig Unterschiede hinsichtlich der Machtpositionen, aber diese sind nicht gesetzlich vorgeschrieben, und können daher auch nicht dementsprechend exekutiert werden. Ein Unternehmen beispielsweise kann – auch wenn es eine marktbeherrschende Stellung hat – keinen Menschen dazu zwingen, die eigenen Produkte zu kaufen. Auch im zwischenmenschlichen Bereich gibt es stets Ungleichheiten in Machtverhältnissen, aber diese basieren der Idee nach auf Freiwilligkeit und Austausch. Eine Arbeitgeberin oder ein Arbeitgeber kann Arbeitskräften Anweisungen geben, die auszuführen sind. Geschieht dies nicht, kann das Arbeitsverhältnis (Austausch von Leistung gegen Geld) beendet werden. Aber die Arbeitgeberin oder der Arbeitgeber hat in der Regel keine Möglichkeit, die Arbeitskraft zur faktischen Erfüllung der Arbeit zu zwingen. Die »Zwangsgewalt« hat einzig und allein der Staat. Im Privatbereich gilt also dem Grundsatz nach das Freiwilligkeitsprinzip.

Mittelbare Drittwirkung der Grundrechte

Wie in Teil 1 beschrieben, gelten Grundrechte nicht nur als Abwehrrechte gegen den Staat, sie können den Staat auch aktiv verpflichten, Grundrechte zu schützen (Gewährleistungsrechte). Dies wird insbesondere dann als notwendig angesehen, wenn das faktische Ungleichgewicht zwischen Individuen zu groß wird. In so einem Fall ist der Staat angehalten, Schutzgesetze zu erlassen, die auch Privatpersonen an die Grundrechte binden. Beispiele hierfür sind Arbeitnehmerschutzrechte, Gleichbehandlungsgesetz[125] und dergleichen. Hier entfalten also die Grundrechte eine sogenannte mittelbare Drittwirkung.[126] Die Menschen können sich jedoch nicht unmittelbar auf die Grundrechte berufen, sondern nur auf die Gesetze und Regelungen, die zum Schutz der Grundrechte erlassen wurden.

Daher ist es verfehlt, Privaten spezifische Grundrechtsverletzungen vorzuwerfen, die jedoch nur dem Staat verboten sind. Private dürfen zensieren und diskriminieren – es sei denn, der Staat hat ausdrücklich Regelungen erlassen, die dem entgegenstehen.

---

125 Anonym, *Gleichbehandlungsgesetz – gleiches Recht für alle*. Kammer für Arbeiter und Angestellte für Wien, 2023. online: https://tinyurl.com/4cp88hzv
126 Anonym, *Drittwirkung von Grundrechten*. RechtEasy, 2023. online: https://tinyurl.com/yf8ma65c

Medien: Verbotene Zensur oder Privatautonomie?

Am Beispiel Medien zeigt sich: Wenn Medien also einseitig berichten oder gewisse Meinungen komplett unterdrücken, ist das keine verbotene Zensur im Sinne der Verfassung. Es gilt lediglich als Verstoß gegen den (unverbindlichen) journalistischen Ehrenkodex und die Sanktionierung solcher Handlungen obliegt den Leserinnen und Lesern, indem sie diese Medien nicht mehr konsumieren oder ihre Kritik direkt an das Medienunternehmen richten. Zensur ist es nur, wenn der Staat Regelungen erlässt, welche die Medien zu einem zensierenden Verhalten verpflichten. In diesem Lichte ist der Digital Service Act[127] der EU höchst problematisch, da hiermit Plattformbetreiber verpflichtet werden sollen, bestimmte Inhalte zu löschen oder erst gar nicht zu veröffentlichen. Gleiches gilt für das Zensurgesetz, welches die Verbreitung von russischen Staatsmedien unter Strafe stellt.[128]

Pressefreiheit vs. Meinungsfreiheit

Aufgrund der zunehmend einseitigen Information in Leitmedien kann natürlich argumentiert werden, der Staat wäre hier verpflichtet, Regelungen zu treffen, um die Meinungsfreiheit zu schützen. Aber auch das wäre ein schwerwiegender Eingriff in die Pressefreiheit. Daher dürfen derartige Forderungen nicht leichtfertig erhoben werden bzw. muss dem eine breite, öffentliche Debatte unter Abwägung aller Für und Wider vorausgehen. Ein faktisches Problem, welches jedenfalls kritisch diskutiert werden muss, ist die finanzielle Abhängigkeit vieler Medien von staatlichen Förderungen und Inseraten; dies stellt eine ernsthafte Gefahr für die Pressefreiheit dar. Es wäre jedenfalls angebracht, dem Staat hier strengere Regelungen aufzuerlegen.

---

127 Anonym, *Digital Services Act*. Bundesministerium für Justiz, 2023. online: https://tinyurl.com/3jhaa2zv
128 Anonym, *Bis zu 50.000 Euro Strafe für Verbreitung von russischem Staatssender RT – alleine FPÖ stimmt dagegen*. Standard. online: https://tinyurl.com/s8ad2y6h

40. Manipulative, rhetorische Trickkiste – Ö1-Radiokolleg auf Abwegen

Presseaussendung vom 4. 7. 2023

Der öffentlich-rechtliche Rundfunk ist mittlerweile seit Jahren für Versuche bekannt, Protest und Kritik an der Corona-Politik zu diskreditieren. Die jüngste derartige Entgleisung geschieht in Form einer vierteiligen Serie im Ö1-Radiokolleg »Die Risse in unserer Gesellschaft«. In diesem Text decken wir anhand konkreter Beispiele die vielen rhetorischen Manipulationen auf. Wir fordern eine entsprechende Korrektur und die Rückkehr des Journalismus zu Unvoreingenommenheit und Seriosität.

Die vierteilige Serie »Die Risse in unserer Gesellschaft« von Ulla Ebner,[129] ausgestrahlt vom 26. 06. bis 29. 06. 2023 im *Ö1-Radiokolleg*, erweckt den Anschein einer objektiven Dokumentation über die Corona-Jahre. Wer die Serie verfolgt hat, kann vielleicht nicht benennen, warum sie tendenziös erschien und ein seltsames Gefühl zurückblieb, obwohl beide Seiten – Expertinnen und Experten wie Maßnahmenkritikerinnen und Maßnahmenkritiker – zu Wort kamen. Tatsächlich kommt in dem Format manipulative Rhetorik zum Einsatz, die wir nachfolgend analysieren, wobei wir auf die Systematik nach Damer[130] zurückgreifen.[131]

Die Serie geht von der Grundannahme aus, dass es ab 2020 tatsächlich eine brandgefährliche gesundheitliche Krise gegeben hat und demnach alle Maßnahmen vollumfänglich gerechtfertigt und richtig waren. Dass dies nicht der Fall war, ist an anderer Stelle schon ausreichend erörtert worden. Hier soll als Beleg genügen, dass die unten beschriebenen Manipulationen – hätte es tatsächlich eine dramatische Krise gegeben – gar nicht notwendig gewesen wären.

129 Ebner U., *Die Risse in unserer Gesellschaft (Teil 1 bis 4)*, Österreichischer Rundfunk, Ö1, 2023. online: https://tinyurl.com/9rtxzfw9
130 Damer T., *Attacking Faulty Reasoning* (Aufl 7). Cengage Learning, 2012. ISBN: 978-1133049982
131 Anonym, *Typen von Argumenten*. Wikipedia, 2023. online: https://tinyurl.com/2b7whzw8

Übergeordnetes Ziel

Die übergeordnete Vorgangsweise der Serie lässt sich mit Brunnenvergiftung[132] zusammenfassen. Dabei wird die Sachebene komplett verlassen, ein gegnerischer Standpunkt gar nicht mehr berücksichtigt und nur mehr versucht, den Gegner direkt zu delegitimieren. Konkret werden die Protestierenden und Kritikerinnen und Kritiker der Corona-Maßnahmen mittels Unterstellungen und rhetorischen Kniffen insgesamt und grundsätzlich als intellektuell und/oder charakterlich unterlegen dargestellt.

Während der Serie wird jedoch nie die Frage gestellt, warum Verschwörungsmythen (ein Begriff, der nun in der medialen Kommunikation die Verschwörungstheorien ersetzt, da das Wort »Theorie« einen wissenschaftlichen Anstrich habe)[133] und dubiose Messenger-Kanäle plötzlich so viel Zulauf bekommen haben sollen. Warum hat es eine Pandemie gebraucht, warum gerade ab 2020 und danach, warum nicht schon früher? Keine Expertin oder Experte scheint dafür eine plausible Erklärung zu haben. Dabei ist die Antwort trivial. Weder die Verschwörungstheoretiker oder der QAnon-Kult, noch russische Desinformations-Trolle oder ähnliche Strömungen haben tatsächlich nennenswerten Zulauf bekommen. Der vermeintliche Zulauf, die vermeintliche Radikalisierung der Mitte, alles beruht auf lockeren, willkürlichen Verknüpfungen, gleichgeschaltetem medialen Framing und Kontaktschuld. D. h. wer sich örtlich oder thematisch in der Nähe von Rechtsextremen und Reichsbürgern, aber auch links-affinen Esoterikern und Naturheilkundigen aufhält, dem wird deren Anschauung – interessanterweise alles kombiniert – als Ganzes unterstellt.

Das Ziel ist der Versuch, ein falsches Dilemma[134] zu etablieren. Die breite Öffentlichkeit soll nur zwei Möglichkeiten wahrnehmen: entweder Maßnahmen kritisieren bzw. an Protesten teilnehmen und somit als ungebildet, rücksichtslos und abgehängt dastehen; oder die

132 Anonym, *Brunnenvergiftung*. Wikipedia, 2023. online: https://tinyurl.com/sp7mhyc6
133 Anonym, *Das Phänomen Verschwörungstheorien in Zeiten der COVID-19-Pandemie.* Bundesstelle für Sektenfragen, 2021. online: https://tinyurl.com/9ahcdkdv
134 Anonym, *Falsches Dilemma*. Wikipedia, 2023. online: https://tinyurl.com/ynje36ps

Maßnahmen vorbehaltlos unterstützen, um als gemeinschaftlich orientiert und gebildet zu gelten. Dies ist insofern falsch, als es zum einen eine unzulässige Schlussfolgerung darstellt, die sämtliche andere Faktoren ignoriert, und es zum anderen viele Zwischenpositionen gibt. Ein dahingehender Klassiker ist das komplette Ignorieren der Mitte der Proteste und die Verknüpfung der linken und rechten Ränder, die sich nun gegen den gemeinsamen Feind verbünden.

Manipulatives Methoden-Repertoire

Als Gesprächspartner der Autorin begleitet ein gewisser Arthur die Serie. Er dient als Strohmann[135] und »Lieblingsverschwörungstheoretiker«, den die Redakteurin vorgibt, von früher zu kennen. Ein Strohmann lässt das Argument der Gegenseite verfälscht oder stark vereinfacht aussehen (ein Trick, den auch die Faktencheckerinnen und Faktenchecker häufig einsetzen). Der Strohmann ist recht einfach zu widerlegen, was suggeriert, als wäre mit ihm die ganze Gegenseite widerlegt oder delegitimiert. Strohmänner können völlig frei erfunden, bezogen auf einen in der Wirklichkeit nicht existierenden Stereotyp (z. B. Flacherdler), oder auch eine echte Person sein, die in Verteidigung bzw. Vorbringen des eigenen Arguments nicht oder wenig geschult ist.

Arthur wird eine Art Fundamentalopposition gegen den sog. Mainstream angedichtet, er nimmt teilweise absurde Extrempositionen ein (die Welt werde von satanistischen Mächten beherrscht), er ist nunmehriger Rechtswähler trotz kommunistischer Vergangenheit, der Naturheilkunde verbunden und skeptisch gegenüber der Schulmedizin. Auch den Wunsch nach einer starken Führungspersönlichkeit schreibt ihm die Autorin zu.

Arthur kommt in allen Teilen laufend zu Wort. Dabei ist zu beachten, dass eine Konversation nur vorgetäuscht ist. Meist wendet die Autorin eine simple Art des argumentum ad ignorantiam[136] an. Sie urteilt

---

135 Anonym, *Strohmann-Argument*. Wikipedia, 2023. online: https://tinyurl.com/5acjxf2y
136 Anonym, *Argumentum ad ignorantiam*. Wikipedia, 2023. online: https://tinyurl.com/yyp6cjfe

außerhalb der Konversation über Arthurs Aussagen und gründet dieses Urteil auf ihre Intuition.

Das argumentum ad verecundiam[137] bezeichnet Hörigkeit gegenüber Experten, im Englischen auch als »appeal to authority« bekannt. Der Experte hat stets recht, egal was er sagt. In der Serie wird diese Zuschreibung noch durch den unterschiedlichen Auftritt verstärkt: Experten sprechen hochdeutsch, sachlich ruhig und verwenden Fachausdrücke, wodurch sie besonders glaubwürdig und seriös wirken. Arthur spricht Mundart, bleibt bei seinen Ausführungen oberflächlich und bringt seine Sätze manchmal nicht zu Ende. Das soll ihn fachlich und durchaus auch intellektuell unterlegen erscheinen lassen.

Das argumentum ad hominem[138] ist neben dem Strohmann und dem falschen Dilemma besonders gebräuchlich. Auch hier geht es nicht um die Sache, sondern um die Person, die ein Argument vertritt. Üblicherweise werden ungünstige Aspekte der Person beleuchtet. Protestierenden und Maßnahmenkritikern wird dabei alles Mögliche unterstellt. Kern ist das oben erwähnte Dogma der Unfehlbarkeit von Maßnahmen und Experten, woraufhin kreative Erklärungen für Kritik und Protest gesucht werden:

Es handle sich um eine allgemeine Anti-Mainstream-Bewegung, Teile der Mitte würden an den Rand drängen, weil sie sich von den Eliten verspottet und zurückgelassen vorkommen. Eine neue Ausprägung der Mitte, die sog. nostalgisch-bürgerlichen, soll es geben, die 13 Prozent der österreichischen Bevölkerung ausmachen. Sie sehnen sich nach der »guten alten Zeit«, ziehen sich in ein neues Biedermeier zurück. Sie sind geplagt von Abstiegsängsten und wünschen sich Sicherheit.

An anderer Stelle sehen sie als wirtschaftlich besonders Betroffene den Staat als Unterdrücker, der ihnen Möglichkeiten zum Geldverdienen und wirtschaftlichen Gestalten nimmt. Angeblich sollen Freiberufler überproportional vertreten sein.

Von gekränktem Freiheitsgefühl, über Rücksichtslosigkeit, geringem Informationsstand bis zu sozialer Abstiegsangst, Langeweile

---

137 Anonym, *Argumentum ad verecundiam*. Wikipedia, 2023. online: https://tinyurl.com/u3rw4vw9
138 Anonym, *Argumentum ad hominem*. Wikipedia, 2023. online: https://tinyurl.com/3msstk4b

und Einsamkeit wird alles Mögliche in Kritikerinnen und Kritiker hineininterpretiert.

Caroline Amlinger unterläuft in ihrem Buch zum angeblich gekränkten Freiheitsgefühl eine Verwechslung hinreichender und notwendiger Bedingung.[139] Sie stellt jenes Gefühl sowie Kapitalismus und Leistungsgesellschaft den Protesten als notwendig – also zwingende Voraussetzung – voran (conditio sine qua non). Da auch die sachliche Fehlerhaftigkeit und nicht-vorhandener Nutzen bei enormen Kosten der Corona-Maßnahmen Tatsachen sind, ist die Prämisse von Amlinger und ihrem Mitautor Oliver Nachtwey allerdings nicht notwendig, sondern lediglich hinreichend (ein möglicher Faktor); d. h. Proteste und Kritik können auch andere Ursachen haben.

Pavel Zerka begeht eine kausale Übervereinfachung. Er bezeichnet ein Österreich und Deutschland eigenes Freiheitsgefühl als Ursache für den Protest; Grund sei, dass laut Eurobarometer-Daten in den meisten anderen Ländern Zufriedenheit mit den Maßnahmen besteht. Dabei missachtet er zum einen, dass gerade Österreich und Deutschland deutlich länger strengere und unverhältnismäßige Maßnahmen und auch besonders starke Diskriminierung aufrechterhalten haben; zum anderen ignoriert er, dass es zwischen Ländern noch weitere Unterschiede gibt, die im Entstehen von Protesten eine Rolle spielen können. Die objektiv naheliegende Erklärung wird hier durch eine subjektiv konstruierte ersetzt.

Zu Wort kommt auch die Extremismusforscherin Julia Ebner. Sie stellt fest, dass es seit Jahren angeblich verstärkten Zulauf zu ehemals randständigen Bewegungen kommt, die Mitte würde sich radikalisieren. Sie begeht damit einen Post-hoc-Fehlschluss.[140] Sie argumentiert, dass Proteste und Kritik an Corona-Maßnahmen zeitlich ihren Beobachtungen nachfolgen, letztere also die Ursache sein müssen. Dies ist angesichts des Trugschlusses, wonach die Maßnahmen jedenfalls gerechtfertigt waren, reine Spekulation.

139 Anonym, *Notwendige und hinreichende Bedingung*. Wikipedia, 2023. online: https://tinyurl.com/56zzh7hw
140 Anonym, *Post hoc ergo propter hoc*. Wikipedia, 2023. online: https://tinyurl.com/4uh2hrjw

Forderung: Rückkehr zur Objektivität

Bei den oben genannten Beispielen handelt es sich nicht um Einzelfälle. Im Gegenteil werden aufmerksame Zuhörerinnen und Zuhörer feststellen, dass sich die genannten (und weitere) Tricks durch alle Teile dieses Radiokollegs ziehen. Vom öffentlich-rechtlichen Rundfunk fordern wir eine sachliche Korrektur und eine Rückkehr zum unvoreingenommenen, seriösen Journalismus.

Dass es höchste Zeit für eine Kehrtwende ist, zeigt auch die jüngste Erkenntnis des Bundesverwaltungsgerichts,[141] welches die Verletzung des Objektivitätsgebots hinsichtlich der ORF-Berichterstattung feststellte. Bis dahin raten wir allen, den öffentlich-rechtlichen Rundfunk nur dann zu konsumieren, wenn man über ein solides Grundwissen zu rhetorischen Tricks und Möglichkeiten der Manipulation verfügt.

Zu guter Letzt sei noch angemerkt, dass der Grüne Verein für Grundrechte und Informationsfreiheit stets für einen offenen Diskurs zur Verfügung steht, sollte sich Ö1 entscheiden, auf reale, kritische Menschen anstatt Strohmanndebatten zu setzen.

41. Grausame Corona-Maßnahme: Kontaktverbot zwischen Enkeln und Großeltern

Presseaussendung vom 6. 7. 2023

Eines der wichtigsten Themen, das einer gründlichen Aufarbeitung bedarf, ist der staatliche Eingriff in die innerfamiliären Beziehungen. Mit wie vielen Menschen darf man Weihnachten feiern, mit wie vielen Hochzeit, wie viele dürfen zu einem Begräbnis kommen, oder sind Familienfeiern sowieso vollkommen verboten – alles Fragen, die der

---

141 Huber W., *Unseriöser Rechtsradikalismus-Vorwurf gegen Corona-Demonstranten: ORF verliert Verfahren*. Report24, 2023. online: https://tinyurl.com/4r3nvtfk

Staat für uns im Verordnungsweg immer wieder neu regelte. Man gewöhnte sich nur schwer an die »neue Normalität«. Besonders perfide wurde es, als man Kindern vermittelte, sie könnten für ihre Großeltern tödlich sein.

Kontaktbeschränkungen bzw. Kontaktverbote zwischen Großeltern und Enkelkindern wurden bereits im März 2020 dringend empfohlen. Nur wenn Großeltern zu den engsten Bezugspersonen gehörten, durfte man sie überhaupt sehen. Abgeraten wurde dennoch, denn das allseits beschworene Credo lautete: Ansteckungsrisiko minimieren und Vulnerable schützen. Mit einem Meter Abstand, im Freien und mit Maske wäre es eventuell möglich, die Großeltern zu treffen, meinte Virologin Monika Redlberger-Fritz.[142] Gefährlich bleibe es aber trotzdem, wurde von Experten und Medien vermittelt. In Pflegeheimen gab es lange Zeit ohnehin totale Besuchsverbote.

Die Werbung mit der Angst

Als die österreichische Bundesregierung gemeinsam mit dem Roten Kreuz am 15. März 2020 mit der Kampagne »Schau auf dich, schau auf mich« startete, war ein doch sehr verstörender Slogan: »So schützen wir uns: KEIN KONTAKT zwischen GROSSELTERN und ENKERLN!«[143] In Zeitungen und im Fernsehen sowie in den Sozialen Medien gab es zahlreiche Inserate, Videos und Werbeeinschaltungen dazu.[144] Besonders irritierend waren später auch die Impfwerbeplakate in Oberösterreich[145] mit einem weinenden Kind und dem Slogan: Ich will dich nicht verlieren. Die Botschaft war leicht zu verstehen und eindeutig: Wenn Kinder ihren Großeltern zu nahe kommen würden, könnten sie diese gefährden, wenn nicht sogar töten. So wurden also geliebte Enkelkinder zu vermeintlichen Todesbringern.

---

142 Leonhartsberger S., *Kontakt zu Großeltern als Gratwanderung.* ORF Online und Teletext, 2020. online: https://tinyurl.com/2736svsk
143 Anonym, *Schau auf dich, schau auf mich.* Facebook 2020. online: https://tinyurl.com/frds7xvx
144 Anonym, *Schau auf dich, schau auf mich.* Facebook, 2020. online: https://tinyurl.com/226sykx8
145 Tonezzer M., *Impfkampagne der SPÖ OÖ sorgt für Aufruhr.* RegionalMedien Oberösterreich, 2022. online: https://tinyurl.com/mr3b6dk3

Im *Spiegel* von 10. 03. 2020,[146] mit der Headline »Die Kinder nicht mehr zu Oma und Opa bringen«, konnten wir dann auch nachlesen, »Wenn man das nicht ernst nimmt, muss man davon ausgehen, dass es bei den Risikogruppen Sterberaten im Bereich von 20 bis 25 Prozent geben wird«, das meinte zumindest der Virologe der Deutschen Nation Christian Drosten von der Berliner Charité.

Aber was macht das mit unseren Kindern und Jugendlichen? Solche Plakate, Aussagen und Videos? Ist es überhaupt erlaubt, Kinder so zu ängstigen, sie so zu verunsichern? Was wäre, wenn die Oma, aus welchem Grund auch immer, wirklich stirbt und die Enkelin oder der Enkel sie vorher noch gesehen hat? Ist das unschuldige Kind dann eine Mörderin oder ein Mörder? Was in den Köpfen der Kinder vorging, können wir nur annähernd erahnen, denn viele wollen nicht darüber sprechen. Eines ist jedoch gewiss: Solch eine Werbung kann bei jungen Menschen schwere Traumata auslösen – aber auch bei den Großeltern. Es war auf alle Fälle psychischer Missbrauch auf ganz grausame Art und Weise.

Einsamkeit auf beiden Seiten

Kinder, die weinend am geschlossenen Fenster stehen, während die Großeltern einen selbst gebackenen Kuchen vor den Gartenzaun stellen und nur kurz winken, vor lauter Gehorsam, waren keine Einzelfälle.

Oder Familien, die außerhalb des Zaunes vom Pflegeheim standen, und ihren betagten Eltern mit einer Teleskopstange über den Zaun hinweg ihre Lieblingskekse und neue Socken reichten, weil sie monatelang nicht hinein und die Alten nicht hinaus durften. Umarmung oder Berührung? Fehlanzeige.

Dazu fielen Großeltern auch als Unterstützer aus. Junge Familien waren plötzlich auf sich alleine gestellt, konnten den Alltag kaum bewältigen, weil die Oma nicht mehr zur Verfügung stand.

Großeltern selbst schwankten zwischen Verunsicherung, Angst vor Ansteckung und Einsamkeit hin und her.

---

146   Berres I., Rydlink K., *Die Kinder nicht mehr zu Oma und Opa bringen.* Spiegel, 2020. online: https://tinyurl.com/49vzrz2j

Ganzheitlicher Blick auf Gesundheit

Auch in diesem Fall war das Dilemma ein einseitiger Tunnelblick auf die Infektion und den Virus. Internationalen Forschungen[147] zufolge sind Großeltern, die ihre Enkelkinder regelmäßig betreuen, nicht nur fitter, sie leben auch deutlich länger als andere. Dass der Kontakt von Enkelkindern mit ihren Großeltern für beide Seiten enorm wichtig[148] und bereichernd ist und letztlich die Gesundheit entscheidend stärkt, ist in etlichen Studien nachgewiesen worden. Ebenso, dass Vereinsamung und Angst krank machen.[149][150]

Bei den Corona-Maßnahmen wurden solche ganzheitlichen Aspekte von Gesundheit vollkommen außer Acht gelassen. Dabei wäre auch eine vernünftige Risikoabwägung möglich gewesen. Natürlich sollten kranke Kinder nicht den direkten Kontakt mit hochbetagten Menschen suchen. Für gesunde, symptomlose Kinder sind derartige Einschränkungen aber unsinnig und schädlich. Für zukünftige Krisen fordern wir daher rationale, sinnvolle Empfehlungen und korrekte Aufklärung. Grausame und angsterzeugende Maßnahmen und Eingriffe ins Privat- und Familienleben sind zu unterlassen.

Eine Subventionierung von Werbung, die Angst erzeugt, darf es nicht mehr geben. Und zukünftig sollten alle Aspekte von Gesundheit, also auch die sozialen und psychologischen, in die Gesamtbetrachtung miteinbezogen werden.

Eine Entschuldigung bei allen Enkeln und Großeltern wäre ebenfalls längst überfällig und angebracht.

147 Nauck K., *Studie beweist: Großeltern, die häufig ihre Enkel betreuen, leben deutlich länger.* Ströer Media, 2023. online: https://tinyurl.com/bdfwp8hw
148 Mödritscher B., *Die Enkelgeneration – Funktion und Bedeutung der Großeltern für die Enkelkinder.* Bundeskanzleramt, Sektion Familie und Jugend, 2023. online: https://tinyurl.com/zctvv2te
149 Red., *Großeltern litten an fehlendem Kontakt mit Enkeln.* Österreichischer Rundfunk, 2022. online: https://tinyurl.com/ye2y36dj
150 Bordone V., *Verstärkte psychische Belastung für Großeltern durch Isolation von Enkelkindern während der Pandemie.* Universität Wien, 2022. online: https://tinyurl.com/kfdwnkt8

42. Contact Tracing – zum Scheitern verurteilter Dauerrückstand

Presseaussendung vom 11. 7. 2023

Contact Tracing bzw. Kontaktverfolgung ist das Ermitteln von Fällen einer Infektionskrankheit und Personen, die mit dieser in Berührung gekommen sind. Für Atemwegsviren ist das aber zwecklos, sogar die WHO hat noch 2019 für Influenza davon abgeraten. In Österreich und weltweit ist das Covid-bezogene Contact Tracing krachend gescheitert. Dies war jedoch vorhersehbar, man hat die Möglichkeit eines saisonalen Triggers bei SARS-CoV-2 nicht berücksichtigt. Für künftige Krisen fordern wir, Geldmittel vernünftig einzusetzen und auf absehbar zwecklose Methoden zu verzichten.

Zweck und Herausforderungen der Kontaktverfolgung

Grassiert eine ansteckende Krankheit, so scheint es zunächst sinnvoll, Fälle so früh wie möglich zu finden und aus dem Verbreitungsgeschehen herauszunehmen. Das ist die Idee, die der Nachverfolgung von Kontakten – bekannt geworden als Contact Tracing – zugrunde liegt. Grundsätzlich geht es dabei um klare Infektionskrankheiten (Syphilis, Masern, Tuberkulose, etc.). Allein damit sind einige Schwierigkeiten verbunden, u. a. die Klassiker im Gesundheitswesen wie Personalmangel, Stigmatisierung Betroffener und fehlende Absicherung bei Isolation bzw. Quarantäne.[151]

Weitere Probleme kommen dazu, sobald es um Atemwegserkrankungen (z. B. Grippe) geht. Im Fall epidemischer oder pandemischer Influenza rät sogar die WHO noch 2019 mangels aussagekräftiger Evidenz ausdrücklich davon ab.[152] Erst Anfang dieses Jahres wurde eine

151 Brandt A., *The History of Contact Tracing and the Future of Public Health*. Am J Public Health, 2022. online, DOI: https://doi.org/10.2105/AJPH.2022.306949
152 Anonym, *Non-pharmaceutical public health measures for mitigating the risk and impact of epidemic and pandemic influenza*. World Health Organization, 2019. online: https://tinyurl.com/5n7nzkhf

Arbeitsgruppe eingerichtet, um eine Richtlinie für Contact Tracing zu erarbeiten.[153]

Aufwendige Suche nach Clustern

In Österreich wurde die Methode nach dem ersten Lockdown implementiert. Gesundheitsministerium, Länder und AGES bemühten sich, Informationen zum Personenkreis von positiven Fällen zu finden, sog. Cluster (Netzwerke von Erst- und Folgefällen) zu ermitteln, um dann durch Absonderung deren Ausbreitung zu stoppen. In den beiden ersten Jahren der Corona-Krise wurde Contact Tracing zum alltäglichen Bestandteil vieler Menschen im Land und weltweit.

Doch dieses Bemühen war nicht von Erfolg gekrönt. Bereits im Lauf des Jahres 2020 hat sich ein Versagen der Methode abgezeichnet.[154] Ende 2021 stand das krachende Scheitern fest, nur noch gering zweistellige Zahlen konnten gelöst werden.[155][156] Im Lauf des ersten Halbjahres 2022 erfolgte die komplette Einstellung.[157]

Scheitern mit Anlauf

Was war passiert? Expertinnen und Experten und Medien überschlugen sich mit Erklärungsversuchen und Schuldzuweisungen: Software-Lösungen umfassen sehr viele Aspekte, das Problem schien zu komplex.[158] Nationale und internationale Koordination würde nicht funktionieren.[159]

153 Anonym, *Call for Expressions of Interest: Guideline Development Group for WHO Guideline on Contact Tracing.* World Health Organization, 2023. online: https://tinyurl.com/mu3u7ra9
154 Mayer P., *Kontakt-Verfolgung sinnlos und nicht mehr machbar?* TKP, 2020. online: https://tinyurl.com/rr3tmdsz
155 Red., *Massive Probleme beim Contact Tracing in Österreich.* Vienna.at, 2021. online: https://tinyurl.com/y8yzamab
156 Red., *Contact-Tracing soll weitergehen.* ORF Wien, 2022. online: https://tinyurl.com/ymwywr6j
157 Red., *Corona: Contact Tracing wird mit Quarantäne-Aus beendet.* Vienna.at, 2022. online: https://tinyurl.com/yzkz832h
158 Drees J., *Why contact tracing apps fail: IT experts share 5 reasons.* Becker's Healthcare, 2020. online: https://tinyurl.com/dxjtn88j
159 Clark E. et al., *Why Contact Tracing Efforts Have Failed to Curb Coronavirus Disease 2019 (COVID-19) Transmission in Much of the United States.* Clin Infect Dis, 72(9), pp e415–e419, 2021. online DOI: https://doi.org/10.1093/cid/ciaa1155

Freiwilligkeit und zunehmende Verweigerungshaltung seien problematisch, die Bevölkerung sei schuld.[160]

Dabei liegt eine Erklärung im Besonderen auf der Hand. In der Presseaussendung 34 haben wir auf das Phänomen des saisonalen Triggers hingewiesen. Dieser steht im Gegensatz zum R-Wert, welcher fälschlicherweise zum allein bestimmenden Faktor der Pandemie erklärt wurde (vgl. 31 »Der R-Wert – Kennzahl mit wenig Aussagekraft«). Die Trigger-Theorie besagt vereinfacht, dass Erreger – insbesondere Atemwegsviren – sich wochen- bis monatelang vor einer Welle an Krankheitsfällen verbreiten. Als Ursachen für den späteren Ausbruch vermutet man veränderte Ernährung, verringerte Außentemperatur, weniger Sonnenstunden, Expression unterschiedlicher Gene u. v. m. Die Saisonalität ist eine wesentliche Eigenschaft solcher Ausbrüche, welche zwangsläufig – zum Höhepunkt einer Welle – von selbst wieder zurückgehen.

Auch nach der R-Wert Theorie ist Kontaktverfolgung nur zielführend, wenn es sich bei einem Ausbruch um ein isoliertes, lokales Ereignis handelt und die Anzahl der Infizierten gering ist. Je nach Übertragungsgeschwindigkeit des Virus kann diese Zahl größer oder kleiner sein. Ist die Ausbreitung jedoch bereits im drei- bis vierstelligen Bereich, nicht mehr regional beschränkt und handelt es sich um einen leicht übertragbaren Erreger, gilt die Eindämmungsstrategie als gescheitert. Folglich war die Zwecklosigkeit, Fällen und Kontakten nachzutelefonieren und angebliche Cluster zu ermitteln, bereits frühzeitig absehbar. Es spielt nicht einmal eine Rolle, ob sich der Begriff der Inzidenz auf positive PCR-Tests oder tatsächliche Krankheitsfälle bezieht.[161]

Sinnvoller Einsatz von Ressourcen

Es ist davon auszugehen, dass die Mehrheit der »Fälle« auch mit Absonderung nicht mehr zu verhindern war. Contact Tracing ist gescheitert, jedoch nicht wegen der fadenscheinigen Erklärungen der Experten; sondern weil die Methode auf dafür nicht vorgesehene Szenarien

---

160 Red., *Hürden beim Contact-Tracing.* ORF, 2022. online: https://tinyurl.com/yc7wbdds
161 Anonym, *Let's Talk About... Inzidenz.* Grüner Verein für Grundrechte und Informationsfreiheit, 2023. online: https://tinyurl.com/4phvhpax

angewandt wurde. Das Szenario des saisonalen Triggers hätte bereits vor dem ersten Lockdown zumindest in Betracht gezogen werden müssen.

Wir (GGI = Grüner Verein für Grundrechte und Informationsfreiheit) fordern einmal mehr: Einseitige Scheinexpertise darf nicht länger toleriert werden. Geldmittel müssen bei Krisen sinnvoll eingesetzt und untaugliche Maßnahmen frühzeitig beendet werden. Kritikfähigkeit, Besonnenheit und das Einbeziehen von unabhängigen Expertinnen und Experten und Vertreterinnen und Vertretern aus allen Bereichen des gesellschaftlichen Lebens sind sicherzustellen.

Zu guter Letzt sei der Regierung noch eine alte Weisheit mitgegeben: »Wenn du merkst, dass du ein totes Pferd reitest, steig ab.« Denn es ist aussichtslos, eine Task-Force zu gründen, um ein totes Pferd wiederzubeleben.

43. Herkunft von Covid – Geschichte einer Vertuschung

Presseaussendung vom 13. 7. 2023

Bereits Ende Jänner 2020 wurde »Proximal Origin« in Auftrag gegeben. Das ist jene Publikation, die den natürlichen Ursprung von SARS-CoV-2 zweifelsfrei belegen sollte, um China vor Schuldzuweisungen wegen der Pandemie zu bewahren. Die Publikation war stark verzerrt und von den Interessen einflussreicher Personen am US-amerikanischen NIH (National Institutes of Health, die größte Forschungseinrichtung weltweit) geleitet. Es gibt aber auch viele Ausarbeitungen, die auf eine künstliche Herkunft hindeuten. Wir fordern volle Offenlegung aller relevanter Informationen und Finanzströme und dass die Frage nach der Virus-Herkunft Teil der Aufarbeitung wird.

Skandal mit weltweiten Auswirkungen

Am Dienstag, den 11. Juli 2023 hat der laufende Untersuchungsausschuss zur Covid-Pandemie im US-Repräsentantenhaus einen Bericht im

Zusammenhang mit dem Ursprung von SARS-CoV-2 herausgegeben.[162] Gegenstand des Berichts war das Entstehen der sog. Proximal Origin Publikation im März 2020.[163] Dieses Papier war die Basis, um Zweifel am natürlichen Ursprung des Virus forthin als Verschwörungstheorie abzutun. Während die inhaltlichen Schwächen des Papiers schon lange scharf kritisiert werden, offenbart der Bericht nun auch die dubiose Entstehung. Nachfolgend dessen wesentliche Erkenntnisse.

Aus E-Mails und Befragungen geht hervor, dass die Autoren des »Proximal Origin« Artikels sich ihrer Sache zunächst gar nicht sicher waren. Die Beweislage erschien ihnen für beide Möglichkeiten in etwa gleichwertig. Dann mischten sich Anthony Fauci (NIAID = National Institute of Allergy and Infectious Diseases), Francis Collins (NIH = National Institutes of Health) und Jeremy Farrar (Wellcome Trust = zweitgrößte gemeinnützige Stiftung zur Forschungsförderung) ein. Die ersten beiden sind wegen des Sitzes des NIH in Bethesda, Maryland als »Bethesda boys« zusammengefasst worden. Zumindest Fauci ist verantwortlich für die Verteilung von Geldern an Forschungsarbeiten zu genetisch veränderten Viren, über Umwege insbesondere an das Wuhan Institute of Virology (WIV).

Zweifelhafte Interessen und ein bestelltes Ergebnis

Am 31. Januar und 1. Februar 2020 erfolgten vertrauliche Absprachen zwischen Fauci und Collins mit dem Autorenteam. Von da an ging es nicht mehr um die Beantwortung einer Forschungsfrage, sondern um das ausschließliche Sammeln von Beweisen für einen natürlichen Ursprung. Zu groß wären wohl die diplomatischen Verwerfungen geworden, wenn ein Laborunfall nachgewiesen worden wäre. Fauci soll gegenüber Hauptautor Andersen auch mit Rechtsfolgen gedroht haben, sollte dieser die Theorie des natürlichen Ursprungs verwerfen.

162 Wenstrup B. et al., *The proximal origin of a cover-up: Did the »Bethesda boys« downplay a lab leak?* US House of Representatives, Select Subcommittee on the Coronavirus Pandemic, 2023. online: https://tinyurl.com/y5v4w23k
163 Andersen K. et al., *The proximal origin of SARS-CoV-2.* Nat Med, 26(4), 2020. online DOI: https://doi.org/10.1038/s41591-020-0820-9

Fauci, Collins und Farrar haben das Papier vom Entwurf bis zur Publikation beeinflusst, ohne dass deren Namen jemals nach außen genannt wurden. Farrar wurde vom Autorenteam intern sogar als Vaterfigur für »Proximal Origin« bezeichnet. Er versprach, die Publikation voranzutreiben; tatsächlich wurden gewogene Reviewer (Forscher, die die Arbeit überprüfen) ausgewählt (wobei diese Praxis nicht auf »Proximal Origin« beschränkt ist, Anm.). Gut einen Monat später erschien »Proximal Origin« im Wissenschaftsmagazin »Nature Medicine« und wurde zu einer der erfolgreichsten Publikationen aller Zeiten.

Kurz darauf stellte Fauci die Arbeit auf einer Pressekonferenz vor. Da sein Name zuvor nie mit »Proximal Origin« in Zusammenhang gebracht worden war, konnte er seine Behauptung, wonach eine künstliche Herkunft von SARS-CoV-2 ausgeschlossen sei, mit einem scheinbar unabhängigen Beleg untermauern.

Beweislage gegen »Proximal Origin«

Es gibt gewichtige Hinweise für einen künstlichen Ursprung von SARS-CoV-2, die unseres Wissens nach nie widerlegt wurden. Der Bioinformatiker Alex Washburne hat diese schlüssig unter anderem wie folgt zusammengefasst.[164]

- Die Furin-Spaltstelle im SARS-Coronavirus Typ 2, die in anderen SARS-Coronaviren nicht bekannt ist, und deren auf Menschen angepasste Codons (Untereinheiten der DNA)
- Der DEFUSE-Antrag um Fördergelder für genetische Experimente, der bereits 2018 die oben genannte Anpassung im Erbgut des Virus beschrieben hat
- Das alleinige Aufkommen des Virus in Wuhan, aber nirgendwo nahe der Wege, entlang derer die Tiere für den lokalen Tiermarkt transportiert werden

---

164 Washburne A., *The case for a lab origin of SARS-CoV-2*. Substack, 2023. online: https://tinyurl.com/mwe5nk5v

- Das Vorhandensein von Gain-of-Function-Forschungslaboren mit Coronaviren in Wuhan[165]

Der Molekularbiologe Valentin Bruttel hat die Evidenz für die künstliche Erschaffung in einem sehr lehrreichen Video dargestellt.[166]

Transparente Aufklärung

Wissenschaft und Forschung müssen ergebnisoffen sein. Vertuschung von Missständen und Manipulation der öffentlichen Meinung als unabhängige Wissenschaft zu tarnen, lehnen wir ab. Die Weltöffentlichkeit hat ein Recht zu erfahren, wie die Pandemie wirklich entstanden ist, und für welche Art Forschung öffentliche Gelder verwendet werden.

Wir (GGI = Grüner Verein für Grundrechte und Informationsfreiheit) fordern, dass die Herkunft von SARS-CoV-2 in die Aufarbeitung der Pandemie einbezogen wird. Sämtliche Informationen müssen zur unabhängigen Bewertung offengelegt werden; Verantwortliche für schlecht abgesicherte und zweifelhaft finanzierte Forschung gehören zur Rechenschaft gezogen.

44. EU-Lockerung von GVO und guter Praxis – Auftakt zum Impfdesaster

Presseaussendung vom 18. 7. 2023

Zwischen April und Juli 2020 hat es auf EU-Ebene einige Änderungen gegeben, die medial weitgehend ignoriert wurden. Im April wurden die Richtlinien zu GMP (Herstellung) und GDP (Vertrieb) in Bezug auf Medizinprodukte aufgeweicht. Im Juli trat eine Verordnung in Kraft, wonach regulatorische Beschränkungen für die Anwendung von GVO

---

165 Anonym, *Zusatzfunktionen für Viren – Forschung oder Gefahr?* Grüner Verein für Grundrechte und Informationsfreiheit, 2023. online: https://tinyurl.com/5y97dbat

166 Bruttel V., *SARS-CoV-2 origin: how we were misled and how molecular evidence IMO proves it came from a lab.* YouTube, 2023. online: https://tinyurl.com/4yfhccuv

(gentechnisch veränderte Organismen) in klinischen Studien wegfielen. Außerdem waren UVP (Umweltverträglichkeitsprüfungen) für solche Studien nicht mehr erforderlich. Nachträglich hat sich das alles als großer Fehler erwiesen. Wir fordern die Wiedereinsetzung der bisherigen Standards und deren künftige Einhaltung, auch in Zeiten echter oder vermeintlicher Krisen.

Aufweichen der Standards für gentechnisch veränderte Organismen (GVO)

Am 15. 07. 2020 trat EU-weit die Verordnung 2020/1043[167] in Kraft, welche eine Beschleunigung von klinischen Studien zu Covid-19 bezogenen Impf- und Arzneistoffen ermöglichte. Seitens der EU-Kommission wurde dies mit der vorgeblichen Dringlichkeit durch die Pandemie argumentiert. Paragraph 8 der Präambel hält Folgendes fest:

»Die Erfahrung zeigt, dass bei klinischen Prüfungen mit Prüfpräparaten, die GVO (gentechnisch veränderte Organismen, Anm.) enthalten oder aus solchen bestehen, das Verfahren zur Einhaltung der Anforderungen der Richtlinien 2001/18/EG und 2009/41/EG hinsichtlich der Umweltverträglichkeitsprüfung und der Genehmigung durch die zuständige Behörde eines Mitgliedstaats komplex ist und einen erheblichen Zeitaufwand erfordern kann.«

Da neben den bestehenden EU-Regeln zur Zulassung von GVO auch die Mitgliedstaaten zusätzliche Bestimmungen verfügen dürfen, lag es für die Kommission nahe, dies im Fall von Covid-19 bezogenen Studien zu vereinheitlichen. Paragraph 24 behauptet in sperriger Form, dass die Mitgliedstaaten das nicht selbstständig schaffen würden – und zog damit die Alleinzuständigkeit auf die EU-Ebene (eigene Hervorhebungen):

»Da die Ziele dieser Verordnung, nämlich eine befristete Ausnahme von den Rechtsvorschriften der Union für GVO zu gewähren, damit

---

167 Anonym, *Verordnung (EU) 2020/1043 des Europäischen Parlaments und des Rates vom 15. Juli 2020 über die Durchführung klinischer Prüfungen mit genetisch veränderten Organismen enthaltenden oder aus solchen bestehenden Humanarzneimitteln zur Behandlung oder Verhütung der Coronavirus-Erkrankung (COVID-19) und deren Abgabe.* Amtsblatt der Europäischen Union, L 231/12, 2020. online: https://tinyurl.com/msmywccw

sichergestellt ist, dass die Durchführung klinischer Prüfungen mit GVO enthaltenden oder aus GVO bestehenden Prüfpräparaten zur Behandlung oder Verhütung von COVID-19 im Hoheitsgebiet mehrerer Mitgliedstaaten nicht verzögert wird, und die Anwendung von Artikel 5 Absätze 1 und 2 der Richtlinie 2001/83/EG sowie von Artikel 83 Absatz 1 der Verordnung (EG) Nr. 726/2004 in Bezug auf GVO enthaltende oder aus GVO bestehende Arzneimittel zur Behandlung oder Verhütung von COVID-19 klarzustellen, von den Mitgliedstaaten nicht ausreichend verwirklicht werden können, sondern wegen ihres Umfangs und ihrer Wirkungen auf Unionsebene besser zu verwirklichen sind, kann die Union im Einklang mit dem in Artikel 5 des Vertrags über die Europäische Union (EUV) verankerten Subsidiaritätsprinzip tätig werden.«

Weder die Dringlichkeit noch der Bedarf nach zentraler Koordination ist Mitte 2023 gegeben. Warum diese Verordnung nach wie vor in Kraft ist, ist nicht nachvollziehbar.

Verzicht auf gute Praxis

Zusätzlich sind einige Vereinfachungen bezüglich der anzuwendenden Richtlinien[168] für die Herstellung bzw. den Vertrieb jeglicher Arzneimittel für die Anwendung am Menschen bereits im April 2020 festgelegt worden, womit auf langjährig übliche Standards der GMP und GDP verzichtet wurde (GMP – good manufacturing practices bedeutet »Gute Herstellpraxis« sowie GDP – good distribution practices bedeutet »Gute Vertriebspraxis«). Unter anderem wurden Audits »aus der Distanz« nicht nur ermöglicht sondern sogar dazu ermutigt: »The QP (Qualified Person, Anm.) is expected to justify the controls in place on a scientific basis and record a risk assessment on a product-specific basis.« Diese Änderungen sind zumindest der Form nach wieder aufgehoben worden, hier mit Verweis auf die WHO, welche nach über drei

---

168 Anonym, European Medicines Agency. *Guidance for medicine developers and other stakeholders on COVID-19.* European Commission – Directorate-General for Health and Food Safety, 2023. online: https://tinyurl.com/2sst7xkw

Jahren erst am 5. Mai 2023 die Covid-19 Pandemie als internationalen Notstand beendet hat.[169]

Akzeptanz unklarer Auswirkungen

Dass der Verzicht auf Umweltverträglichkeitsprüfungen (UVP) eingeräumt wurde, ohne dass dies mediale Aufmerksamkeit nach sich zog, ist ungewöhnlich. Hier geht es um Aspekte wie etwa welche Auswirkungen GVO auf die Umwelt (Boden, Wasser) haben, welche Organismen mit welchen Folgen die Stoffe selbst bzw. deren Stoffwechselprodukte aufnehmen, wie Abreicherung und Abbau in Wasser und Boden erfolgen etc. Gerade von den Gesundheitsbehörden und auch der Grünen Partei hätte man zur Umweltverträglichkeit wesentlich mehr Sorgfalt und Verantwortungsbewusstsein erwartet, sogar vor dem Hintergrund einer vermeintlichen Krise. Besonders im Krisenmanagement ist darauf Bedacht zu nehmen, dass gesetzte Maßnahmen nicht noch eine viel größere Krise nach sich ziehen.

Ausfall der Medien

Bemerkenswert ist in diesem Zusammenhang auch, dass dieser einschneidenden Verordnung, die einen erheblichen Einfluss auf die Arzneimittel- und Umweltsicherheit hat, keinerlei Berichterstattung folgte. Es gab keine öffentliche Debatte und keine aktive Information durch die Regierung. Im Gegenteil wurde stets behauptet, dass alle üblichen Standards der Arzneimittelsicherheit eingehalten werden und lediglich eine Beschleunigung erfolgte.

Strenge Regeln, um Schaden zu vermeiden

Die Kombination dieser Erleichterungen für Studienbetreiber und Hersteller von Covid-19-Produkten hat fatale Folgen nach sich gezogen;

---

169   Anonym, European Medicines Agency. *Phasing out of extraordinary COVID-19 regulatory flexibilities*, 2023. online: https://tinyurl.com/yxtv8296

insbesondere in Bezug auf die Impfstoffe, welche eine weit schlechtere Wirksamkeit aufweisen als alle bislang bekannten Impfstoffe, sowie eine erheblich höhere Nebenwirkungsrate.

Im vorliegenden Zusammenhang fordern wir (GGI = Grüner Verein für Grundrechte und Informationsfreiheit), dass die verpflichtenden, bewährten Standards für die Entwicklung, Herstellung und den Vertrieb von Arzneistoffen wieder in Kraft gesetzt und künftig nicht mehr aufgeweicht werden dürfen. Es ist kein Gesundheitsnotstand absehbar, der das erfordern würde. Kühlen Kopf bewahren ist das Gebot jeder Krise – und nicht durch gesetzte Maßnahmen mehr Schaden verursachen, als die Krise selbst anrichten könnte.

45. »Schau auf dich, bleib zuhause« – Beginn eines massenpsychologischen Phänomens

Presseaussendung vom 20. 7. 2023

Die Corona-Krise leitete ein massenpsychologisches Phänomen ein, das unsere Gesellschaft nachhaltig veränderte. Die Bedrohung durch das Coronavirus erzeugte eine uniforme Masse, die bereitwillig Zwangsmaßnahmen akzeptierte und Grundrechte aufgab. Der Psychologe und Politologe Harald Haas warnte frühzeitig vor den Folgen, doch die eskalierenden Machtexzesse führten zu einem tiefen gesellschaftlichen Bruch und Schäden für Demokratie und Rechtsstaat. Trotzdem fehlt es bis heute an echter Einsicht der Machthabenden.

»Schau auf dich, bleib zuhause«.[170] Diese frühe Kampagne der Bundesregierung legte den Grundstein für ein massenpsychologisches Phänomen, welches unsere Gesellschaft nachhaltig verändern sollte. War die Zeit davor geprägt vom individuellen Leben und Alltag, so änderte sich am 16. März 2020 schlagartig alles. Eine »neue Normalität«, an die

---

170 Anonym, *Schau auf dich, bleib zuhause.* Facebook, 2020. online: https://tinyurl.com/36en9z44

wir uns nun gewöhnen sollten, wurde oft beschworen. Gemeinsam würden wir es schaffen, den unbekannten, geheimnisvollen Feind Corona zu bezwingen – gemeinsam als Team Österreich.[171] Wenn nur alle mitmachen würden, dann würden wir die Krise gut meistern, so der Tenor.

Früh gab es kritische Stimmen, die jedoch kaum Gehör fanden. So warnte Harald Haas, Psychologe und Politologe, bereits am 23. März 2020 im Interview mit Addendum vor den massenpsychologischen Entwicklungen, die sich in der Gesellschaft abzeichneten:

»Die Massenpsychologie lehrt uns spätestens seit Le Bon, dass sich Menschen vor allem in Krisenzeiten, unter dem Eindruck einer Bedrohung, zu einer uniformen Masse zusammenschließen. Dabei spielt es keine Rolle, ob die Bedrohung objektiv vorhanden ist, oder nur als solche wahrgenommen wird, vielleicht auch nur konstruiert ist. Besonders gut funktioniert dieser ungemein starke massenpsychologische Mechanismus mit einer Bedrohung, die als unbekannt, also neu wahrgenommen wird. Etwa ein Virus wie das Coronavirus.«

Einheit schaffe, dass vor dem Virus alle gleich wären. Angst behindere zudem Vernunft und rationales Handeln, das Unbewusste würde die Führung übernehmen. Formiert sich eine derartige Masse, würde sie nahezu bedingungslos jedem Führer folgen, der suggeriert, sie vor der drohenden Gefahr schützen zu können.

Es handle sich um einen schwer zu beherrschenden Mechanismus, denn diejenigen, die Teil der Masse werden, würden dies meist gar nicht bemerken. Die Ursache, weshalb die heutige Gesellschaft besonders anfällig für derartige Phänomene sei, liege bereits in der Kindererziehung, die zu sehr darauf abziele, funktionierende Mitglieder der Gesellschaft zu schaffen, die in erster Linie gehorchen und sich unterordnen. Allzu leicht wird bereitwillig die Freiheit und kritische Haltung aufgegeben.

»Der Politologe in mir ist erstens in höchstem Maße darüber erschrocken, wie Grundrechte, die über Jahrhunderte hinweg erkämpft und seit Jahrzehnten hochgehalten wurden, mit einem Streich weggewischt wurden. Die Zwangsmaßnahmen, die wir jetzt erleben, werden unser Land

---

171 Anonym, *Team Österreich*. Österreichisches Rotes Kreuz, 2020. online: https://tinyurl.com/mrh3m3as

gesellschaftlich und politisch verändern. Wir können uns wohl darauf einstellen, dass solche Befugnisse künftig öfter genutzt werden.«

Die verordnete Isolation führt rasch zu Denunziantentum.

»Massen müssen sich nach außen hin abschotten, um ihre Massenidentität zu bewahren. Jede Art von Abweichlertum wird daher aus einer inneren Logik heraus sanktioniert. Die Masse sucht sich dafür Sündenböcke, die sie an den Pranger stellen kann, um Einheit zu gewährleisten.«

Den Grund dafür sieht der Psychologe Haas vorrangig in einem Projektionsmechanismus.

»Niemand will eingesperrt sein. Trotzdem ordnen die meisten sich gehorsam unter, wenn auch widerwillig. Dadurch entsteht eine Dissonanz, die ein Ventil sucht. Man projiziert das eigene Ungelebte auf andere, bekämpft gewissermaßen sich selbst im Anderen, wenn man die Fehler anderer aufzeigt oder sanktioniert. (...) Insgesamt zeigt sich an diesem Phänomen (...), dass es meist der ganz normale Mensch, ausgestattet mit übergroßer Macht ist, der gefährlich wird.«

Die Einschränkungen des demokratischen Systems und die Aufhebung der Gewaltenteilung zugunsten der Exekutive bergen eine erhebliche Gefahr. Vom Ausnahmezustand zu einer autoritären Regierung sei es nur ein kurzer Weg. In der massenpsychologischen Dynamik würden den Machthabern Verfehlungen verziehen, die normalerweise undenkbar wären.

»In Hinblick auf die Situation in Österreich bräuchte es meines Erachtens neben verantwortungsvoller Führung auch ein hohes Maß an parlamentarischer Kontrolle, um Macht und eventuelle Machtauswüchse zu begrenzen.«

Das Phänomen im Rückblick

Drei Jahre später ist klar – die parlamentarische Kontrolle hat versagt. Machtexzesse der Regierung führten zum weitgehenden Ausschluss von rund zwei Millionen Menschen vom gesellschaftlichen Leben, sogar vor verpflichtenden Eingriffen in die körperliche Integrität wurde nicht zurückgeschreckt. Demokratie und Rechtsstaat sind schwer geschädigt, die Gesellschaft tief gespalten. Doch echte Einsicht ist bislang nicht in Sicht.

Erst, wenn das Geschehene ehrlich und umfassend aufgearbeitet ist, ist die Corona-Krise endgültig vorbei.

Schöne Reden von Staatsoberhäuptern[172] und Regierenden bei Festspieleröffnungen reichen da nicht. Natürlich stimmt der Befund des Bundespräsidenten, dass ausgrenzende Sprache und Populismus einer gesellschaftlichen Spaltung Vorschub leisten. Nur die Einsicht, dass die Regierenden selbst die Hauptverantwortlichen dieser Spaltung in der Corona-Krise waren, fehlt vollkommen. »Wir müssen auf die liberale Demokratie achten und in ihr die konstruktive Kritik und den konstruktiven Streit pflegen, sonst steuern wir auf eine Autokratie zu«, sagte das Staatsoberhaupt.

Mögen diesen Worten endlich Taten folgen!

Weiterführende Literatur:
Wetz A., *Corona-Kampf statt Bürgerrechte: »Der normale Mensch wird gefährlich«*. Quo Vadis Veritas, 2020. online: https://tinyurl.com/2749kcv6

46. Propaganda durchschauen – Teil 1

Presseaussendung vom 25. 7. 2023

Propaganda ist systematische Massenkommunikation, die weder das Argument sucht noch Widerspruch duldet. Die Empfängerinnen und Empfänger ihrer Botschaften werden so vereinnahmt, dass sie kaum Alternativen wahrnehmen können. Kritische Stimmen werden zensiert, diffamiert und ausgegrenzt. Propaganda nutzt oft ein Wechselspiel aus dem Vorschieben vermeintlicher Opfer und der Benennung von Sündenböcken. Die Anfälligkeit auf solche Botschaften steigt mit zunehmender zwischenmenschlicher Bindungslosigkeit, fehlendem Sinn im Leben und objektloser Angst.

---

172 Red., *Schnitzel-Streit nach Rede des Präsidenten ausgebrochen*. Heute, 2023. online: https://tinyurl.com/4w52a66w

Begriff und Methoden von Propaganda

Dokupedia beschreibt den Begriff »Propaganda« als »eine besondere Form der systematisch geplanten Massenkommunikation, die nicht informieren oder argumentieren, sondern überreden bzw. überzeugen möchte. Dazu bedient sie sich in der Regel einer symbolisch aufgeladenen und ideologiegeprägten (Bild-)Sprache, welche die Wirklichkeit verzerrt, da sie entweder Informationen falsch vermittelt oder ganz unterschlägt. Ziel von Propaganda ist es, bei den Empfängern eine bestimmte Wahrnehmung von Ereignissen oder Meinungen auszulösen, nach der neue Informationen und Sachverhalte in den Kontext einer ideologiegeladenen Weltsicht eingebettet werden (Framing).«[173]

Wir sind in vergangenen Presseaussendungen bereits auf den Begriff Framing (Presseaussendung 3) sowie auf rhetorische Tricks (Presseaussendung 40) eingegangen. Auch die Bedeutung von abwertender Sprache auf die Wahrnehmung von Menschen haben wir mehrfach thematisiert (Presseaussendung 7 und 18). Im Folgenden beschreiben wir einige Methoden der Propaganda allgemein, angelehnt an einen äußerst sehenswerten Vortrag von Johannes Menath (Autor des Buches Moderne Propaganda: 80 Methoden der Meinungslenkung, 2022).[174]

Propaganda lässt sich grob in Vereinnahmung und Isolation unterteilen. Ersteres soll sicherstellen, dass der Kreis an Empfängerinnen und Empfängern ausschließlich die vorgesehene Botschaft erhält. Zweitere verfolgt das Ziel, dass nicht vorgesehene Botschaften, z. B. Widersprüche oder Kontext, nicht wahrgenommen werden. Die Vereinnahmung wird nochmals unterteilt in Selektion und Emotion. Selektion rückt die gewünschte Botschaft in die Wahrnehmung, Emotion beeinflusst die Bewertung.

173 Bussemer T., *Propaganda. Theoretisches Konzept und geschichtliche Bedeutung.* Docupedia-Zeitgeschichte, Version: 1. 0. Zentrum für Zeithistorische Forschung Potsdam, 2013. online: https://tinyurl.com/y3abz96v

174 Anonym, DemoFürAlle. *Johannes Menath: Die Methoden der Meinungslenkung,* YouTube, 2023. online: https://tinyurl.com/4w5fknxm

Relevante Aspekte der Vereinnahmung

Bezüglich Emotion scheint das Harmoniebedürfnis besonders relevant. Dieses bewirkt nämlich die Anpassung an eine hervorgehobene Botschaft, wenn die Umgebung sich ebenfalls anpasst. Der Wunsch nach Harmonie beruht auf der Angst vor Ausgrenzung, da Menschen im Lauf der Evolution nur in Gruppen überleben konnten. In der Folge kommt es auch bei Unsicherheit über den Wahrheitsgehalt einer Botschaft zur Selbstzensur.

Framing bedeutet vereinfacht nur einen Rahmen bzw. Ausschnitt eines größeren Ganzen zu zeigen. Mit dieser oft stark verzerrten Darstellung kann für die Erzeugung eines Feindbildes das größere Ganze geframt, also dem Wortsinn nach »eingerahmt« werden. Wiederholung bedeutet, dass diese Darstellung immer wiederkehrt. Wenn ein Großteil der Medienlandschaft diese eine Darstellung permanent wiederholt, sodass nicht kundige Menschen den Eindruck bekommen, als gäbe es gar keine rationale Alternative, spricht man von Monopolisierung. Dies sorgt für die oben erwähnte, weit verbreitete Akzeptanz einer Botschaft und gegebenenfalls für Selbstzensur.

Relevante Aspekte der Isolation

Eine besonders perfide und lang vorbereitete Taktik ist hier die Gewöhnung an Ablenkungen. Status und anerkannter Lebenswandel beruhen für gewöhnlich darauf, einem Beruf nachzugehen und in der Freizeit zu konsumieren. Das lässt wenig Spielraum, um Propaganda überhaupt zu erkennen; noch weniger, um tiefgründige Zusammenhänge zu erfassen. Darüber hinaus können gegenläufige Botschaften verschwiegen oder aus einem eng begrenzten Meinungsraum gedrängt werden. Letzterer soll den Anschein erwecken, als wäre Diskussion möglich, tatsächlich sind aber nur leichte und steuerbare Änderungen zur Botschaft erlaubt.

Ebenfalls perfide ist das Bestimmen einer vermeintlichen Opfergruppe, zu deren vermeintlichem Schutz grundlegende Änderungen in einer Gesellschaft angezeigt scheinen. Wir erinnern uns an den Schutz der sog. Vulnerablen (Presseaussendung 20), also der älteren und vorerkrankten Mitmenschen. Ihr vorgeblicher Schutz legitimierte Maßnahmen wie Lockdowns, Grüner Pass sowie Masken- bzw. Impfpflicht. Ob diese Gruppe durch die Maßnahmen tatsächlich geschützt, oder ob ihr damit mehr Schaden zugefügt (Presseaussendung 41) wurde, wird im öffentlichen Diskurs nicht hinterfragt.

Diese bestimmte, zu schützende Opfergruppe kann auch als Vorwand für Angriffe dienen, falls die passive Isolation nicht (ausreichend) greift. Propaganda stellt nicht die Vorantreiber radikaler Umstellungen als radikal dar, sondern diejenigen, die sich dem Umbau entgegenstellen bzw. einfach nur den Sinn hinterfragen; wir erinnern uns an Zuschreibungen wie »unsolidarisch« oder »egoistisch« bis zu Diffamierungen wie »Volksverräter«.

Die übrigen Angriffstaktiken sind hinlänglich bekannt. Verwendung von Kampfbegriffen (»Verschwörungstheoretiker«), Kontaktschuld im Sinne des Framing (»Wer mit Rechten demonstriert, ist rechts«), Dämonisierung (»Leugner«-Begriffe, um die Nähe zu Holocaust-Leugnern anzudeuten), Zensur, usw. haben in den vergangenen drei Jahren eine Blütezeit erlebt.

Begünstigende Faktoren für Propaganda

Wann lassen sich Menschen besonders leicht von Propaganda vereinnahmen? Wir geben an dieser Stelle einen ersten Einblick, welche Konstellation auf Bevölkerungsebene sich besonders günstig auf den Erfolg der genannten Methoden auswirkt:

- Bindungslosigkeit: Einsamkeit, Zerbrechen von familiären/kleingemeinschaftlichen Strukturen, Verlagerung des Zwischenmenschlichen in den digitalen Bereich
- Sinnlosigkeit: sich durch den Alltag nur ›durchschlagen‹, fade Routine bzw. als sinnlos empfundene Arbeit, keinen Zweck im Leben und Alltag haben, der zu körperlichen und/oder geistigen Leistungen motiviert
- objektlose Angst: unbestimmte, ›diffuse‹ Sorge, die man nicht in Worte fassen und entsprechend nicht darüber reden kann, bisweilen auch konkrete Angst vor einer nicht erfassbaren Gefahr

Das wären auch die gesellschaftspolitischen Ansatzpunkte, um die Resilienz gegenüber Propaganda zu verbessern. Die einzelnen Punkte greifen ineinander, z. B. nicht in Worte fassbare Sorge führt zu Entfremdung mit der Umgebung, darauf folgt Verlust sinnstiftender Tätigkeit, das verstärkt wieder die Sorge, usf.[175]

Meinungslenkung durchschauen

In der folgenden Presseaussendung werden wir anhand eines Fallbeispiels einige der hier aufgezeigten Methoden praktisch betrachten.

47. Propaganda durchschauen – Teil 2

Presseaussendung vom 27. 7. 2023

»faktiv« – das Faktencheck-Portal des *Profil* – liefert ein besonders repräsentatives Fallbeispiel für Propaganda. Die Autorin Gudula Walterskirchen wird in einem Beitrag ohne Begründung diffamiert, und die Zeitschrift *Die ganze Woche*, in der ihre Kommentare veröffentlicht wurden, gleich mit. An zugrunde liegenden Propaganda-Methoden kommen Dämonisierung, diverse Kampfbegriffe und Framing zum Einsatz.

Fallbeispiel »faktiv« vs. Walterskirchen

In der letzten Presseaussendung vom 25. 7. 2023 haben wir einen Überblick über die Methoden von Propaganda gegeben. Anhand dieser Methoden analysieren wir den nachfolgenden Beitrag der sogenannten Faktencheckerinnen und Faktenchecker des Portals »faktiv« der Zeitschrift *Profil*. Konkret werden im Beitrag drei Aussagen der Historikerin und Publizistin Gudula Walterskirchen aus der Wochenzeitung *Die ganze Woche* thematisiert.[176]

---

175   Desmet M., *The Psychology of Totalitarianism*. Substack, 2022. online: https://tinyurl.com/msf5rt4a
176   Leibetseder L., Winter J., *Propaganda für Pensionisten: Wie »Die Ganze Woche« desinformiert.* Profil, 2023. online: https://tinyurl.com/d828erf3

Überschrift legt Propaganda offen

Die Überschrift des »faktiv«-Beitrags lautet »Propaganda für Pensionisten: Wie ›Die ganze Woche‹ desinformiert«. Allein darin werden schon drei Methoden angewandt; namentlich Dämonisierung, Framing und Vorschieben einer Gruppe.

- Dämonisierung meint die Unterstellung einer böswilligen Aktion (Desinformation). Dabei fällt auf, dass nicht einmal der Versuch einer Erklärung unternommen wird, worin das Motiv eigentlich liegen soll. Interessant könnte in diesem Zusammenhang sein, dass *Die ganze Woche* laut Eigentümer Noah Falk seit 2020 keine Presseförderung mehr beantragt hat.[177] In der Tat scheint die Zeitung in den Jahren 2020 bis inkl. 2022 bei keinem Posten an Presseförderung laut RTR auf.[178] Es handelt sich bei der »*ganze Woche*« daher – im Gegensatz zu *Profil* – um ein vom Staat unabhängiges Medium.
- Framing bezieht sich auf Walterskirchen direkt; man merkt schnell, dass es den Autoren ausschließlich um diese eine Person geht, aber *Die ganze Woche* insgesamt umrahmt wird.
- Zuletzt fällt auf, dass die Autoren selbst den Vorwurf der Propaganda erheben, weil die vermeintlich gutgläubige ältere Leserschaft auf die unterstellte Desinformation hereinfiele. Diese Senioren schieben sie als Opfergruppe vor, die es vor Walterskirchen zu schützen gilt. Wie in der vorigen Presseaussendung beschrieben, sind es die Vorantreiber radikaler Änderungen selbst, die ihren Gegnern Radikalität unterstellen. Analog handelt es sich bei der Autorin und dem Autoren um die tatsächlichen Vorantreiber radikaler und anlassloser Falschinformation und Diffamierung, während die Aussagen von Walterskirchen – wie nachfolgend gezeigt wird – gut begründbar sind.

---

177 Red., *»Verrückt«: Warum Noah Falk für »Die ganze Woche« keine Presseförderung mehr will.* Standard, 2020. online: https://tinyurl.com/33edjx4x
178 Anonym, *Presseförderung – Ergebnisse.* Rundfunk und Telekom Regulierungs-GmbH, 2023. online: https://tinyurl.com/37cye5wn

Der Beitrag selbst strotzt nur so vor Kampfbegriffen: Impfgegner, Maß-nahmenskeptiker, Corona-Leugner-Kreise. Damit wird die Dämonisie-rung aus dem Titel fortgesetzt; wie für Faktenchecks üblich, ohne ir-gendeinen Anlass oder Nachweis für solche Unterstellungen zu liefern.

Thema Krisensicherheitsgesetz

Die Faktenchecker meinen, sie hätten den Beitrag von Walterskirchen widerlegt, indem sie der Kritik am Ministerialentwurf beschwichtigende Aussagen gerade vom betroffenen Innenministerium entgegenhalten. Nebenbei gehört es zum Standardvorgehen von Faktencheckern, die Un-schuldsbekundung eines Verdächtigen als unfehlbaren Beweis für des-sen Unschuld zu werten.

Zudem erwähnen sie das (auf geduldigem Papier festgelegte) Einver-nehmen zwischen Hauptausschuss des Nationalrates und Regierung. Allein darin liegt ein Fallstrick, wie die Anwälte für Aufklärung in ihrer Stellungnahme ausführen:

»Dass gemäß § 3 Abs. 2 B-KSG bei Gefahr in Verzug das Einver-nehmen mit dem Hauptausschuss des Nationalrates binnen vier Ta-gen nach Erlassung herzustellen ist, mag vielleicht in einzelnen Aus-nahmefällen diskutiert werden können. Nicht jedoch, wieso für den Fall, dass besagtes Einvernehmen nicht binnen vier Tagen hergestellt wird, keine Rechtsfolge etwa im Sinne eines automatischen Außer-krafttretens des Krisenfalles ex lege vorgesehen wird. Dies scheint eine potentiell gefährliche Lücke im Entwurf zu sein, die keinesfalls bestehen sollte.«[179]

Weitere Kritikpunkte sind, dass der bislang bestehende Rechtsrah-men für den Umgang mit Krisen genügt, weiters, dass der Begriff der Krise weitgehend unklar und anfällig für willkürliche Ausrufung bleibt, sowie dass die Verantwortung für Handlungen zwischen Politik und Expertengremien hin- und hergeschoben werden kann. Die insgesamt

---

179 Anonym, *Stellungnahme zum Ministerialentwurf »Bundes-Krisensicherheitsgesetz – B-KSG«*. Rechtsanwälte für Grundrechte – Anwälte für Aufklärung, 2023. online: https://tinyurl.com/5n7jpyzj

achtseitige Kritik der Anwälte für Aufklärung enthält noch eine Reihe weiterer bedenklicher Aspekte.

Thema WHO-Vertragsanpassungen

Im Fall WHO verhält es sich ähnlich. Die Aussagen von Walterskirchen werden ohne ernsthafte Begründung als falsch bezeichnet. Zur angeblichen Widerlegung wird Gesundheitsminister Rauch zitiert. Der Minister gilt aber weder als Experte, und noch weniger als unbefangen. Bekundungen der Unbedenklichkeit[180] gibt er reflexartig ab, bezüglich einer kürzlichen Veranstaltung mit angeblich betroffenen Organisationen darf man nicht einmal erfahren, welche diese Organisationen sind.

Den deutschen Anwälten für Aufklärung, denen deutlich mehr juristische Fachkenntnis zuzutrauen ist, ist folgende Anmerkung in einem Gastbeitrag zu entnehmen:

»Die ›Faktenchecker‹ informieren falsch, indem sie bestreiten und damit verschweigen, dass die nationalen Gesetze im Pandemiefall jeweils außer Kraft gesetzt werden.«[181]

Auch der Schweizer Anwalt Philipp Kruse stellt fest, dass Menschenrechte in Pandemien nicht mehr geschützt werden.[182]

Zudem behaupten die »faktiv«-Autorin und der »faktiv«- Autor, der Nationalrat müsse einen allfälligen Vertrag jedenfalls ratifizieren. Wo genau in der WHO-Verfassung nationalen Parlamenten dies zugestanden wird, erwähnen sie nicht. Zwar gibt es eine eher theoretische Möglichkeit zum Ausstieg auch nach Inkrafttreten der Neuerungen, aber das hat nichts mit Parlamenten zu tun. Die Autorin und der Autor informieren hier ohne jegliche Belege, die genannten Bestimmungen sind in den WHO-Regelungen jedenfalls nicht auffindbar.

---

180   Rauch J., *Der internationale #Pandemievertrag [...]*. Twitter, 2023. online: https://tinyurl.com/5h7taju7
181   Anonym, *WHO*. Anwälte für Aufklärung, 2023. online: https://tinyurl.com/87d9fesz
182   Mayer P., *Kommentar RA Philipp Kruse zu WHO Pandemievertrag: Totalitäre Dystopie ohne Grundrechte – im Namen der Gesundheit*. TKP, 2023. online: https://tinyurl.com/5n7dwuch

Methodik des Faktenchecks

Auffallend ist, dass kein Verweis zu den Originalartikeln (es sind insgesamt drei verschiedene) angeführt ist. Es ist weder eine Verlinkung zu finden, noch sind die betreffenden Hefte im Handel erhältlich. Den Leserinnen und Lesern ist es also vollkommen unmöglich, sich ein eigenes Bild zu machen.

Einzelne Zitate werden aus dem Zusammenhang gerissen. Der Kontext wird nicht – oder nicht überprüfbar – dargestellt. Das allein ist schon unseriös, wird jedoch durch zahlreiche Auslassungen der Redaktion »(...)« noch erheblich verschärft. Wer Texte von Walterskirchen kennt, kommt um den Verdacht nicht herum, dass die Zitate von den vermeintlichen Faktencheckerinnen und Faktencheckern doch grob irreführend dargestellt wurden.

Walterskirchens Artikel sind Kolumnen, keine wissenschaftlichen Beiträge. In solchen journalistischen Formaten ist es nicht üblich, Quellen explizit anzuführen.[183] Ganz anders ist die Praxis für Faktenchecker, die vorgeblich falsche Behauptungen widerlegen und daher in der Quellenpflicht stehen. Quellen fehlen jedoch im Artikel vollkommen, obwohl sich einiges doch leicht durch Primärquellen belegen lassen müsste – vorausgesetzt, die Faktenchecker würden sich an die Tatsachen halten.

Zusammenfassung & Ausblick

Im Sinne der Propaganda-Methoden handelt es sich in allen Fällen um Dämonisierung. Wie oben gezeigt, werden die Aussagen von Walterskirchen mit fadenscheiniger oder gar nicht vorhandener Begründung als falsch oder unbelegt etikettiert. Walterskirchen soll zumindest als unzuverlässig, wenn nicht direkt als Lügnerin abgestempelt werden. Tatsächlich trifft das Gegenteil zu. Die Aussagen sind entweder gut begründet bzw. belegbar oder von der Faktencheckerin und dem

---

183 Walterskirchen G., *Kolumnen.* Dr. Gudula Walterskirchen, 2023. online: https://tinyurl.com/2e7tsn2x

Faktenchecker wohl absichtlich ungenau bzw. aus dem Zusammenhang gerissen wiedergegeben.

Gegen solche Faktencheckerinnen und Faktenchecker und sonstige falsche Expertinnen und Experten müssen wir uns als Gesellschaft stärker zur Wehr setzen.

48. Der Fall Surgisphere – Österreichs Expertinnen und Experten verschlafen einen Skandal

Presseaussendung vom 1. 8. 2023

Das Medikament Hydroxychloroquin war zuerst ein Kandidat zur Frühbehandlung von Covid-19. Schnell ist es durch den Surgisphere-Skandal in Verruf geraten. Eine Studie mit manipulierten Daten der Firma Surgisphere hat vermeintlich keine Wirkung und sogar Schädlichkeit gezeigt. Die Studie wurde schnell zurückgezogen, scheinbar ist dies aber bei Österreichs Expertinnen und Experten nicht angekommen. Der Gewinner dieser dubiosen Angelegenheit ist der Pharma-Betrieb Gilead. Dessen Produkt Remdesivir erhielt die erste bedingte Zulassung als Medikament zur Covid-Behandlung. Diese ist nach wie vor aufrecht, obwohl es deutliche Hinweise gegen Nutzen und für Schädlichkeit gibt. Der Surgisphere-Skandal zeigt einmal mehr, dass Studien zu Wirkung und Sicherheit von Arzneien nur bedingt zu trauen ist, je nachdem wer profitiert.

Hydroxychloroquin

Hydroxychloroquin (HCQ) ist ein Medikament, das ursprünglich zur Behandlung von Malaria eingesetzt wurde. Daneben kommt es bei gewissen Autoimmunerkrankungen zur Anwendung und hat entzündungshemmende Eigenschaften. Da es zunächst im Labor die Vervielfältigung von SARS-CoV-2 gehemmt hat und allgemein gut verträglich ist, war es bald ein Kandidat für die frühzeitige Behandlung von Covid-19.[184] In einer Richtlinie der Österreichischen Gesellschaft für Anästhesiologie, Reanimation und Intensivmedizin (ÖGARI) von Ende März 2020 wurde HCQ – wenngleich unter Vermerk niedrigen Evidenzgrades – noch als Möglichkeit für antivirale Therapie geführt.[185]

Surgisphere und Datenfälschung

Surgisphere ist eine Firma für medizinische Datenanalytik mit Sitz in den USA. Mitte 2020 ist sie in Verruf geraten, da aufgrund stark manipulierter Datensätze einige darauf aufbauende Studien zurückgezogen wurden. Surgisphere hatte anscheinend weder statistisch bzw. datenanalytisch kundige Mitarbeiter, noch eine der wie behauptet weltgrößten Spitalsdatenbanken. Geschäftsführer Sapan Desai wurde in der Vergangenheit bereits wissenschaftliches Fehlverhalten vorgeworfen. Der Fall wurde als Surgisphere-Skandal bekannt.[186]

Ignoranz in Österreich

Eine auf Basis der Surgisphere Datenbank durchgeführte Studie (veröffentlicht am 22. 05. 2020) hat sich mit HCQ befasst und kam fälschlicherweise zu dem Ergebnis, HCQ mit oder ohne die Antibiotika Azithromyzin (AZM) bzw. Clarithromyzin wäre wirkungslos und sogar schädlich für das Herz.[187] Die Autoren zogen ihre Publikation erstaunlich schnell bereits am 5. 6. 2020 zurück.[188]

184 Gies V. et al., *Beyond Anti-viral Effects of Chloroquine/Hydroxychloroquine.* Front Immunol Sec Inflammation 11, 2020. online DOI: https://doi.org/10.3389/fimmu.2020.01409
185 Köstenberger M. et al., *ICU Therapy guideline for the treatment of patients with a SARS CoV2 infection – Version 29. 3. 2020.* ÖGARI/FASIM/ÖGIAIN, 2020. online: https://tinyurl.com/3reyyet7
186 Davey M., Kirchgaessner S., *Surgisphere: mass audit of papers linked to firm behind hydroxychloroquine Lancet study scandal.* Guardian News & Media Limited, 2020. online: https://tinyurl.com/2s3mhfvp
187 Mehra M. & al., *Hydroxychloroquine or chloroquine with or without a macrolide for treatment of COVID-19: a multinational registry analysis.* The Lancet, 2020. online DOI: https://doi.org/10.1016/S0140-6736(20)31180-6
188 Mehra M. et al., *Retraction—Hydroxychloroquine or chloroquine with or without a macrolide for treatment of COVID-19: a multinational registry analysis.* The Lancet, 2020. online DOI: https://doi.org/10.1016/S0140-6736(20)31324-6

In Österreich ist die Information über die zurückgezogene Studie wohl nicht angekommen. Die ÖGARI rückt im Update vom November 2020 von HCQ ab. Dessen Einsatz mit oder ohne AZM sei außerhalb klinischer Studien nicht angebracht.[189] Die Formulierung mit der expliziten Erwähnung von AZM lässt darauf schließen, dass diese Einschätzung auf der zurückgezogenen, weil auf falscher Datenbasis beruhenden, Studie fußt, wenngleich sie im Literaturverzeichnis nicht aufscheint.

In der ersten Version einer Publikation aus dem Gesundheitsministerium »Die COVID-19-Pandemie in Österreich – Bestandsaufnahme und Handlungsrahmen« vom März 2021 wird HCQ als umstritten bezeichnet und ein negatives Kosten-Nutzen-Verhältnis attestiert.[190] Die zugrundeliegende Meldung der Europäischen Arzneimittel-Behörde (EMA) stammt von Ende Mai 2020, also noch vor dem offiziellen Rückzug der kritischen Studie. Zwar ist die Rede von mehreren Beobachtungsstudien, welche angebliche Herzprobleme im Zusammenhang mit HCQ vermelden, es liegt aber nur eine allgemeine Liste mit Studien zu HCQ bei Covid-19-Behandlung bei.[191] Für den Handlungsrahmen hätte man vom Surgisphere-Skandal bereits Kenntnis haben können. Weiters wird auf die britische RECOVERY-Studie verwiesen, die den Nutzen von HCQ angeblich klar widerlegt hat. In dieser Studie scheinen jedoch gar keine Auswertungen zu HCQ auf, sondern die Anwendung wurde eben aufgrund der kritischen Studie ausgesetzt, die später zurückgezogen worden war.[192]

Gilead als Gewinner

Der Gewinner dieser äußerst zweifelhaften Geschichte ist die Firma Gilead und ihr Produkt Remdesivir (Handelsname Veklury), dem ersten

189 Köstenberger M et al., *SARS-CoV-2 Behandlungsempfehlungen für die Intensivmedizin – Update November 2020*. ÖGARI/FASIM/ÖGIAIN, 2020. online: https://tinyurl.com/3pxp75kn

190 Burgmann S. et al., *Die COVID-19-Pandemie in Österreich – Bestandsaufnahme und Handlungsrahmen – Version 1*. 0. Bundesministerium für Soziales, Gesundheit, Pflege und Konsumentenschutz, 2021. online: https://tinyurl.com/44c3nj9v

191 Anonym, *COVID-19: reminder of the risks of chloroquine and hydroxychloroquine*. European Medicines Agency, 2020. online: https://tinyurl.com/mwknzvj3

192 Anonym, The RECOVERY Collaborative Group. *Dexamethasone in Hospitalized Patients with Covid-19*. N Engl J Med 384, pp 693–704, 2021. online DOI: https://www.nejm.org/doi/full/10.1056/NEJMoa2021436

offiziell anerkannten Arzneimittel zur Behandlung von Covid-19. Diesem wurde Anfang Juli 2020 – kurz nach dem Surgisphere-Skandal – eine bedingte Zulassung erteilt.[193] Remdesivir (REM) ist wegen fehlendem Nutzen und Nierentoxizität in Verruf geraten. Ein Beitrag auf der Online-Plattform Substack der Ärztin Brucha Weisberger führt entsprechende Nachweise auf und stellt die legitime Frage, warum dieses Medikament immer noch in Umlauf ist.[194] EMA und Gesundheitsministerium reden sich auf neuere Studien aus, welche angeblich gute Wirkung und Verträglichkeit bescheinigen. In allen Fällen wird eine kleine Auswahl an Ergebnissen betrachtet, welche der Substanz oberflächlich eine gute Wirkung bescheinigen.

Am Beispiel einer jüngeren Studie zur Wirkung von REM von Anfang 2022 wird erkennbar, worin die Probleme liegen.[195] Erst ein Blick ins Studienprotokoll verrät, dass das Placebo gleich beschaffen ist wie das Verum (das echte Medikament), nur ohne Wirkstoff. Das ist seit Jahrzehnten gängige Praxis in der Pharmakologie, um das Nebenwirkungsprofil gut ausschauen zu lassen. Es wird nämlich nicht das absolute Aufkommen bewertet, sondern die Differenz zum Aufkommen in der Placebo-Gruppe. Und wenn ein oder mehrere Hilfsstoffe eigentlich schädlich sind, ist die Differenz klein bis nicht vorhanden. Zusätzlich lohnt sich ein Blick in die Ergebnisübersicht der Studie.[196] Hier wurde eingetragen, was in der Publikation unterschlagen wird. Bei 30 % in der REM-Gruppe verschlechterte sich die Symptomatik nämlich nach anfänglicher Besserung (13 % in der Placebo-Gruppe). Es handelt sich also um einen sog. Rebound-Effekt, der beim Einsatz eines Medikaments eigentlich bedacht werden muss.

193 Anonym, *First COVID-19 treatment recommended for EU authorisation.* European Medicines Agency, 2020. online: https://tinyurl.com/uku8uy6b
194 Weisberger B., *Remdesivir, the Killer Drug: May Have Caused the Deaths of 100,000 Americans.* Substack, 2023. online: https://tinyurl.com/2yybcrkc
195 Gottlieb R. et al., *Early Remdesivir to Prevent Progression to Severe Covid-19 in Outpatients.* N Engl J Med 386, pp 305–315, 2022. online DOI: https://www.nejm.org/doi/10.1056/NEJMoa2116846
196 Anonym, Gilead Clinical Study Information Center. *Study to Evaluate the Efficacy and Safety of Remdesivir (GS-5734™) Treatment of Coronavirus Disease 2019 (COVID-19) in an Outpatient Setting.* U. S. National Library of Medicine, 2021. online: https://tinyurl.com/bdcwab9v

Kostengünstige Frühbehandlung ernst nehmen

Es kann davon ausgegangen werden, dass es durchaus wirksame Medikamente gegen Covid-19 gegeben hätte, deren Einsatz aber aus unterschiedlichen Gründen nicht offiziell empfohlen wurde. Zum einen kann die Verantwortung für eine off-label-Verwendung tatsächlich problematisch sein, zum anderen ist mit neuen Medikamenten auch mehr zu verdienen als mit der Einsatzerweiterung bzw. dem sogenannten repurposing (Umnutzung) von bewährten Arzneien und Behandlungsmethoden.

Manche Medikamente wurden gerade heraus diskreditiert (z. B. Ivermectin), über andere wurde mittels trügerischer Studien unseriös informiert (z. B. HCQ). Zweifel an der Glaubwürdigkeit von Studien über Arzneimittel sind jedenfalls angebracht, wie der Surgisphere-Skandal einmal mehr zeigt.

49. Expertinnen und Experten der Corona-Krise – Unabhängigkeit sieht anders aus

Presseaussendung vom 3. 8. 2023

Nationales Impfgremium (NIG), Corona-Taskforce, Covid 19-Beraterstab, Prognosekonsortium, Corona-Ampel-Kommission, Gecko oder Impfpflicht-Kommission – in der Corona-Krise spielten unzählige Expertenkommissionen eine entscheidende Rolle bei der Entwicklung von Strategien und Empfehlungen. Doch ihre Unabhängigkeit war nicht gewährleistet, die Auswahl erfolgte willkürlich und Ressourcen zur seriösen wissenschaftlichen Arbeit wurden ihnen nicht zur Verfügung gestellt. Wohl einer der Hauptgründe, weshalb Österreich derart schlecht durch die Krise kam.

Wahllose Expertinnen und Experten?

Während der Corona-Krise wurden Expertenkommissionen zusammengesetzt, deren Auswahlkriterien von den politischen Entscheidungsträgern nicht transparent und nachvollziehbar gemacht wurden. Eine externe Qualitätskontrolle fand in keinem der Fälle statt, zahlreiche Expertenmeinungen und Prognosen wurden im Laufe der Zeit widerlegt. Dabei ist zu berücksichtigen, dass sich die Situation dynamisch entwickelte und das Expertenwissen ebenso entsprechend zunehmen hätte müssen. Da aber die Expertenmeinungen oft nicht den Grundsätzen der evidenzbasierten Medizin bzw. Wissenschaft entsprachen und Grundlagenwissen sowie herrschende Lehre häufig ignoriert wurden, war in vielen Fällen die Widerlegung der Expertenempfehlungen absehbar.

Unbezahlte Expertinnen und Experten?

Die externen Expertinnen und Experten üben ihre Tätigkeit in der Regel ehrenamtlich aus.[197] Mag dies im ersten Moment altruistisch klingen, ist doch zu bedenken, dass – gemäß den zivilrechtlichen Normen – bei einem unentgeltlichen Auftrag den Auftragnehmer keine Sachverständigenhaftung trifft. Da die Expertenhaftung hier nicht greift, wie es beispielsweise bei einem bestellten, bezahlten Gutachten durch Sachverständige der Fall wäre, ist de facto der Empfehlungsgeber für den Inhalt der Empfehlungen nur sehr eingeschränkt verantwortlich.

Die ehrenamtliche Arbeit bringt auch mit sich, dass die Expertinnen und Experten diese Aufgabe neben ihrer hauptberuflichen Tätigkeit, also in ihrer Freizeit ausüben. Ihre Ressourcen sind daher naturgemäß begrenzt. Herwig Kollaritsch führte in einem Interview gegenüber dem Standard[198] aus, dass dem Expertengremium des NIG nicht einmal wissenschaftliche Assistentinnen und Assistenten zur Verfügung gestellt

---

197 Anonym, *Covid-19 Epidemiesimulation.* dwh, 2023. online: https://tinyurl.com/3xvhx6tc
198 Szigetvary A., *Von Impfpflicht bis Lockdown: Wie mangelhafte Verordnungen dem Rechtsstaat zusetzen.* Standard, 2021. online: https://tinyurl.com/zu9e8k8v

würden. Das Erstellen von wissenschaftlichen Papieren, wie es beispielsweise in Deutschland der Fall ist, wäre aufgrund der mangelnden Ressourcen in Österreich gar nicht möglich.

Es ist jedenfalls in keiner Weise nachvollziehbar, dass für das Pandemiemanagement praktisch kein Budget zur Verfügung gestellt wurde, während man rund 70 Milliarden Euro für Krisenkosten ausgab.[199]

Befangene Experten?

Mittlerweile ist unter anderem durch die Recherchen von *News* bekannt, dass zahlreiche der Regierungsexperten auch von Pharmafirmen finanziert werden bzw. engere berufliche Verbindungen mit den Impfstoffherstellern haben. Das Sozialministerium gibt jedoch an, dass die Experten keine relevanten Interessenskonflikte aufweisen. Aber selbst Universitätsprofessor Herwig Kollaritsch führt in einem seiner Vorträge Folgendes aus:

»Ich bin seit Pandemiebeginn als Mitglied des Beraterstabes des BM f. Gesundheit, für die Initiative ›Österreich impft‹ und sporadisch für das Bundeskanzleramt mit einem Gesamtaufwand bis dato von etwa 900 Arbeitsstunden unentgeltlich und ehrenamtlich tätig. Damit ich mir das leisten kann habe ich
• Vortragshonorare von Valneva, Ärztekammer, Apothekerkammer, Medicaldialogue, Teamworx, Grünes Kreuz, Novartis und Roche erhalten
• Aufwandsabgeltungen für die Tätigkeit als ›data safety monitoring board‹ Vorsitzender/Mitglied in 3 Impfstudien bekommen
Es leiten sich daraus keine Interessenskonflikte ab«[200]

Man beachte die Formulierung: »Damit ich mir das leisten kann ...«. Kollaritsch stellt damit einen direkten, kausalen Zusammenhang zwischen seinen Auftragshonoraren und der Arbeit für die Bundesregierung im Rahmen der Corona-Pandemie her.

199 Red., *Corona-Krise kostet Österreich fast 70 Milliarden Euro.* Kurier, 2022. online: https://tinyurl.com/5h6z6bs6
200 Kollaritsch H., *COVID-19: Impact der Impfungen auf die Pandemie.* Medical Dialogue Kommunikations- und PublikationsgmbH, 2021. online: https://tinyurl.com/3p387tct

In seiner Offenlegung hat er jedoch vergessen anzuführen, dass beispielsweise die Österreichische Gesellschaft für Tropenmedizin, Parasitologie und Migrationsmedizin, deren Vizepräsident[201] er ist, zu einem großen Teil von Impfstoffherstellern wie etwa Pfizer, AstraZeneca und Novartis finanziert wird.[202] Die finanziellen Verstrickungen sind daher weitreichender als angegeben. Kollaritsch entscheidet im Nationalen Impfgremium über die Zulassung und Empfehlung von Impfungen, wird dabei aber gleichzeitig von den Impfstoffherstellern finanziell unterstützt. Ein klassischer Interessenkonflikt würde man meinen.

Ein weiteres Beispiel ist Vakzinologin Ursula Wiedermann-Schmidt: Seit 2005 sitzt sie als Expertin im Nationalen Impfgremium in Wien, seit Frühling 2020 zusätzlich in der STIKO (Ständige Impfkommission) in Berlin. Und während das Sozialministerium bei all seinen Mitgliedern eine Befangenheit nicht einmal vermutet, listet die STIKO bei Wiedermann-Schmidt sieben Interessenkonflikte auf, »die den Anschein einer Befangenheit begründen« und laut Geschäftsordnung zum Ausschluss von Beratungspunkten führen, die eben diese Verbindungen berühren, wie News berichtete.[203] Zwei der genannten betreffen Studien, die von Pfizer bezahlt wurden.

Weitere finanzielle Verstrickungen sind beispielsweise die engen Verbindungen der öffentlich auftretenden Experten zur ÖGIT – Österreichische Gesellschaft für Infektionskrankheiten und Tropenmedizin, die lt. Pfizer-Transparenzbericht im Jahr 2021 immerhin 123.100 Euro an Zuwendungen erhielt.[204] Zum Vorstand[205] zählen unter anderem die Infektiologen Christoph Wenisch, der stets aggressiv für die Impfung warb und Angst schürte (»Für alle, die es immer noch nicht kapiert haben: Das ist ein Überlebenskampf.«[206]) und Florian Thalhammer, der mit

201 Anonym, *Vorstand*. Österreichische Gesellschaft für Tropenmedizin, Parasitologie und Migrationsmedizin, 2023. online: https://tinyurl.com/mr3km7u4
202 Anonym, *Sponsoren*. Österreichische Gesellschaft für Tropenmedizin, Parasitologie und Migrationsmedizin, 2023. online: https://tinyurl.com/3e8cncbs
203 Wetz A., *Das Netz der Pharma-Industrie*. Profil, 2022. online: https://tinyurl.com/44vx7wvh
204 Anonym, *Transparenzbericht 2021*. Pfizer Corporation Austria Gesellschaft mbH, 2022. online: https://tinyurl.com/ms6v8y6y
205 Anonym, *Vorstand*. Österreichische Gesellschaft für Infektionskrankheiten und Tropenmedizin (ÖGIT), 2024. online: https://tinyurl.com/pznzbywd
206 *Wenisch C., »Das ist ein Überlebenskampf«*. Facebook, 2021. online: https://tinyurl.com/y52hjbfn

unwissenschaftlichen Radikalaussagen auf sich aufmerksam machte, wie »Wer sich nicht impfen lässt, wird auf der Intensivstation enden und über die Pathologie nach Hause gehen. Das muss man, glaub' ich, klar aussprechen«.[207] Zahlreiche Regierungsexpertinnen und -Experten hielten für die Medical Dialogue Kommunikations- und Publikationsgmbh[208] Fachvorträge. Diese Gesellschaft ist eng verzahnt mit der ÖGIT und teilt auch denselben Firmensitz.

Da dies alles nach Angaben des Sozialministeriums keine relevanten Interessenskonflikte begründet, stellt sich die Frage, was denn dann nach Meinung des Sozialministeriums relevante Interessenskonflikte wären.

Unabhängige, bezahlte Expertinnen und Experten für zukünftige Krisen

Ein kluges Krisenmanagement kann nur gelingen, wenn keine anderweitigen Interessen im Spiel sind. Daher fordern wir zukünftig

- nur unabhängige Expertinnen und Experten ins Krisenmanagement einzubinden,
- Interessenkonflikte offenzulegen und nicht zu verleugnen und
- ausreichende Mittel für das Krisenmanagement zur Verfügung zu stellen, um bezahlte Expertinnen und Experten, welche die volle Haftung für ihre Expertise trifft, einzusetzen.

Darüber hinaus ist es nicht verständlich, dass das Gesundheitsministerium mit seinen zahlreichen Mitarbeiterinnen und Mitarbeitern überhaupt auf externe Expertise in diesem Umfang zurückgreifen muss. Sollte die Expertise im Ministerium nicht vorhanden sein, besteht Handlungsbedarf.

---

207 Anonym, *Infektiologe: »Wer sich nicht impfen lässt, wird auf Intensivstation enden«*. Kurier, 2022. online: https://tinyurl.com/y679pht9
208 Anonym, *Infektiologie*. Medical Dialogue Kommunikations- und Publikationsgmbh, 2024. online: https://tinyurl.com/ycxvschu

Weiterführende Quelle:
Parlamentarische Anfragebeantwortung zur Corona-Taskforce und den Entscheidungsfindungsprozessen, wie auch der Frage, nach der unentgeltlichen Mitwirkung: (Antwort 31) Kollaritsch: https://tinyurl.com/2sdw7sev

50. GECKO – Sesselkreis im Operettenstaat

Presseaussendung vom 8. 8. 2023

Während des Jahres 2022 bis März 2023 hat die GECKO-Kommission ca. zweimal pro Monat Bericht zur Krise erstattet. Die Arbeitsweise der Expertinnen und Experten war gekennzeichnet von Oberflächlichkeit und intellektueller Bequemlichkeit. Studien wurden nie vollständig betrachtet, es wurden nur genehme Teile von Abstracts (Kurzfassung von Studien) übersetzt und in die Berichte gepackt. Dadurch waren diese verzerrt und weit von der Wirklichkeit entfernt. Wir zeigen drei Ausprägungen intellektueller Unredlichkeit anhand von Beispielen in den Berichten auf. Darüber hinaus fordern wir eine Erklärung, warum die Expertinnen und Experten scheinbar auf Basis ihrer persönlichen Anschauung zur Verbreitung von Panik und der völlig unangemessenen Pandemiepolitik haben beitragen dürfen. Derartiges Verhalten darf künftig nicht toleriert werden.

Wenn der Minister nichts mehr weiß …

Am Samstag, 18. 12. 2021 ist sie erstmals öffentlich aufgetreten, die sogenannte Gesamtstaatliche Covid Krisenkoordination, kurz GECKO.[209] Das Erscheinen der Verteidigungsministerin Tanner sowie des Generalmajors Striedinger im Tarnanzug ließ schon zu Beginn die Operettenhaftigkeit dieser »Kommission« erkennen. Das damals bereits ins

---

209 Anonym, *AVISO: Vorstellung »Gesamtstaatliche COVID-Krisenkoordination« (GECKO), Samstag, 18. Dezember 2021, im Bundeskanzleramt.* APA-OTS Originaltext-Service GmbH, 2021. online: https://tinyurl.com/5a3sv2b3

Strauchen geratene Pandemie-Narrativ sollte mit militaristischer Rhetorik gestützt werden. Seriöse und fachlich fundierte Begleitung der Pandemie-Politik sollte in der Folge keine Rolle spielen; Ideologie und Panikstimmung war das Gebot des folgenden Jahres.

... konstituiert sich ein Sesselkreis

Von Jänner 2022 bis März 2023 erschien etwa zweimal pro Monat ein Bericht.[210] Die verzerrten und ungenauen Vorschauen des Prognosekonsortiums wurden darin regelmäßig abgeschrieben, virologische Einzelheiten über die neuesten Varianten ausgebreitet und ein wenig bedeutender, aktueller Stand der internationalen Lage wiedergegeben. Darüber hinaus wurden – es überrascht nicht – stets die ideologischen Dauerbrenner ventiliert, namentlich dringliche Empfehlung zum Maskentragen, sich testen lassen und vor allem: »impfen, impfen, impfen«. Das Thema Long Covid hat die Kommission besonders ins Herz geschlossen. In fast jedem Bericht wurde mit gewaltig übertriebenem Aufkommen dieses Krankheitsbildes – das in Wahrheit kaum mehr als eine unverbindliche Sammlung an Generalsymptomen ist – Panik geschürt und die Long Covid Apokalypse prophezeit. So manches Mal orakelte die GECKO die Überlastung des Gesundheitssystems und eine außer Kontrolle geratene Virusvariante daher.

Intellektuelle Unredlichkeit als Standard

Während der ganzen Zeit legten die Expertinnen und Experten eine intellektuelle Bequemlichkeit an den Tag, die sogar im akademischen Beamtentum ihresgleichen sucht. Obgleich oberflächlich betrachtet zum Untermauern der Stehsätze des Narrativs recht viele Studien zitiert wurden, merkt man bei genauerem Hinsehen, dass ausnahmslos kaum mehr als zwei oder drei Zahlen und Halbsätze aus dem Abstract (Zusammenfassung) einer Studie kopiert und übersetzt wurden.

---

210 Anonym, *GECKO – Gesamtstaatliche COVID-Krisenkoordination.* Bundeskanzleramt, 2021. online: https://tinyurl.com/562tp6wk

Dabei ignorierten die Expertinnen und Experten einen wesentlichen Grundsatz aller Wissenschaften: Die Grenzen der Aussagekraft von Ergebnissen werden durch die Grenzen der Methoden festgelegt. Dies ist der Kern der Bequemlichkeit. Eine vollumfängliche Betrachtung von Studien und Analysen fand praktisch nicht statt, insbesondere die Methodik wurde stets ignoriert. Die aufgrund dieser Ignoranz entstehende Interpretation war zudem beeinflusst von Weltanschauung, beruflicher Ausrichtung und womöglich auch dem Willen diverser Geldgeber. Die Expertinnen und Experten verweigerten tiefgehendes Befassen mit Methodik sowie Betrachtung von Ergebnissen in deren gesamtem Kontext. Sie gaben sich mit der erstbesten gelegenen Antwort zufrieden. Das ist jedenfalls intellektuell unredlich. Hinreichend streng betrachtet kann man es auch als fundamental wissenschaftsfeindlich bezeichnen. Drei Ausprägungen solcher Unredlichkeit sollen in der Folge betrachtet werden.

Ausprägungen intellektueller Unredlichkeit

In den GECKO-Berichten kommt gelegentlich vor, dass zu einer Behauptung eine Studie zitiert wird, welche diese Behauptung allerdings gar nicht stützt. So wurde z. B. im Bericht vom 22. 4. 2022 in einem Absatz zu Long Covid auf eine Untersuchung verwiesen, wonach ein Schutz durch Impfung vor dem Syndrom zwar in vergleichsweise geringem Ausmaß, aber doch vorhanden war. Das stimmt aber nicht, die betreffende Studie konnte diesen Zusammenhang eben gerade nicht zeigen.[211]

Am häufigsten kommt vor, dass die Ergebnisse einer Studie selektiv dargestellt werden. Im Bericht[212] vom 7. 11. 2022 sollte mit einer Studie ein enormes Aufkommen von Long Covid nach Infektion gezeigt werden. Der Umstand, dass es sich um eine Umfrage mit niedriger Rücklaufquote handelt, die Studie keine Kontrollgruppe hat und die Autoren selbst neben den genannten Einschränkungen zusätzlich auf mögliche

211 Taquet M. et al., *Six-month sequelae of post-vaccination SARS-CoV-2 infection: A retrospective cohort study of 10,024 breakthrough infections*. Brain, Behavior, and Immunity 103, pp 154–162, 2022. online DOI: https://www.sciencedirect.com/science/article/pii/S0889159122001118

212 Anonym, *GECKO – Gesamtstaatliche COVID-Krisenkoordination. Executive Report der Gecko-Sitzung vom 7. November 2022*. Bundeskanzleramt, 2022. online: https://tinyurl.com/2xtfekxu

Verzerrungen hingewiesen haben, interessierte die Expertinnen und Experten anscheinend nicht.[213]

Zuletzt enthalten die Berichte manchmal Studien, die selbst manipulativ sind. Besonders ragen dabei Studien der Arbeitsgruppe rund um Ziad Al-Aly heraus, der sich einen Ruf als Long Covid Untergangsprophet erworben hat. Diese Arbeitsgruppe ist für den Griff in die statistische Trickkiste bekannt. In einer Reihe von Studien, die in den Berichten vom 11.7.2022,[214] 19.9.2022[215] und 7.11.2022[216] zitiert wurden, werden anhand der Datenbank der US-Behörde für Veteranen Langzeitfolgen einer Infektion in allerlei Ausprägungen als große Gefahr dargestellt. Dabei hat eine andere Forschergruppe gezeigt, dass diese scheinbare Gefahr fast völlig verschwindet, wenn man an der Kontrollgruppe eine Korrektur auf eine mögliche Dunkelziffer vornimmt.[217]

Forderungen für die Aufarbeitung

Die Themen Expertokratie, Evidenz von Maßnahmen und Abhängigkeit von privaten Geldgebern haben wir in vergangenen Presseaussendungen thematisiert. Wenn Expertinnen und Experten politisch oder weltanschaulich Partei ergreifen und damit unhaltbaren Maßnahmen den Anschein von Legitimität verleihen, dann besteht Gefahr für die Demokratie. Für die Aufarbeitung der Krise fordern wir Aufklärung, warum die Expertinnen und Experten der GECKO und anderer von der Bundesregierung beauftragten Kommissionen derart oberflächlich und unwissenschaftlich gearbeitet haben. Expertinnen und Experten, die ihre persönliche Anschauung unter Vernachlässigung von Tatsachen verbreiten, sollten zukünftig nicht mehr in Regierungsgremien berufen werden.

213 Peter R. et al., *Post-acute sequelae of covid-19 six to 12 months after infection: population based study*. BMJ 379, 2022. online DOI: https://www.bmj.com/content/379/bmj-2022-071050

214 Anonym, *GECKO – Gesamtstaatliche COVID-Krisenkoordination*. Bundeskanzleramt, 11.7.2022. online: https://tinyurl.com/32teznzn

215 Anonym, *GECKO – Gesamtstaatliche COVID-Krisenkoordination*. Bundeskanzleramt, 19.9.2022. online: https://tinyurl.com/6f59efuj

216 Anonym, *GECKO – Gesamtstaatliche COVID-Krisenkoordination*. Bundeskanzleramt, 7.11.2022. online: https://tinyurl.com/2xtfekxu

217 Erqou S. et al., *Specifying uniform eligibility criteria to strengthen causal inference studies of long-term outcomes of COVID-19*. medRxiv, 2022. online: https://tinyurl.com/55ywnbbu

Erläuterung zu den Quellen

Da insbesondere von den offiziellen Seiten Inhalte und Dokumente oft geändert und gelöscht werden, haben wir uns dazu entschieden, vorzugsweise Quellenverweise auf Quellen aus dem Internetarchiv zu beziehen, um eine dauerhafte Verfügbarkeit zu gewährleisten.

Leider werden gelegentlich auch aus dem Internetarchiv Websites gelöscht. Dies geschieht vermutlich auf Betreiben der Website-Inhaber. Besonders im Zusammenhang mit der WHO kommt es zu besonders vielen Löschungen. Zum Zeitpunkt des Endlektorats waren alle Links verfügbar. Die Links sind auch bei den einzelnen Presseaussendungen auf der Webseite verfügbar:

ggi-initiative.at/wp/die-grosse-aufarbeitung-der-corona-krise/

Autorinnen und Autoren

Mag. Lara Kantor, 38, lebt in Wien. Sie studierte Rechtswissenschaften und ist als Juristin tätig. Seit 2017 engagiert sie sich politisch und legt ihren Fokus auf Demokratie, Verfassungskonformität sowie Grund- und Freiheitsrechte, mit dem Anliegen, die demokratischen Strukturen zu stärken. Da die Corona-Krise Missstände im System deutlich sichtbar machte, begreift sie die Aufarbeitung als Chance, um auf destruktive Mechanismen aufmerksam zu machen und diese zu beheben.

Mag. Tom Has, 38, stammt aus Oberösterreich und lebt in Wien. Nach dem Studienabschluss in Naturwissenschaft war er in der Biochemie und zuletzt in der IT tätig. Derzeit befasst er sich mit den technisch-wissenschaftlichen Aspekten zur Aufarbeitung der Corona-Krise sowie der Frage, wie Wissenschaftsjournalismus wieder kritisch und glaubwürdig werden kann.

DI Dr. Monika Henninger-Erber, MBA, 58, verheiratet, lebt in Grafenegg, Niederösterreich. Nach Studium an der Universität für Bodenkultur in Wien langjährige Managerin in einem großen internationalen Pharma-Unternehmen, Geschäftsbereich Biotechnologie. Exekutive MBA in der Schweiz und aktuell Selbstständigkeit in Nachhaltigem Wirtschaften. Kommunalpolitisches Engagement als Bürgerinitiative-Leiterin und Gemeinderätin.

Nora Summer, 43, lebt in Klosterneuburg, verheiratet, 2 Kinder. Nach ihrer Ausbildung an der Universität für Musik und darstellende Kunst und der Zirkusakademie in Wien folgten Engagements als darstellende Künstlerin, Kabarettistin und Artistin. Als Stuntfrau auch international in Film- und Fernsehproduktionen im Einsatz. Autorin, Speakerin, Gastgeberin bei »MUMM in den Knochen, LEUCHTEN im Herzen«.

Ing. Mag. Gertrud Schöffl, 58, lebt auf einem Bio-Mutterkuh-Hof in Vöcklabruck, OÖ, verheiratet, 3 Kinder. Im 2. Bildungsweg Graphische in Wien, später berufsbegleitend Sozialakademie in Salzburg und

Studium der Erziehungswissenschaften in Innsbruck. Vielfach ehrenamtlich engagiert – auch mit Pressearbeit und Grafik. Arbeitet derzeit als Sozialpädagogin.

Weitere GGI-AUTOREN: *Betty Lapierre, MMag. Dr. Elisabeth Thaler* und *Ing. Erwin Thaler.*

Gastautorinnen: *Mag. Dr. Regina Lackner* und *Mag. Nathalie Romstorfer/* Plattform psychische Gesundheit